JN300849

はしがき

　平成20年1月に，税務経理協会から「最近の粉飾―その実態と発見法―」を出版したが，幸い，多くの読者に恵まれて，同年8月には改訂版を出させていただいた。

　粉飾を書いたからには，逆粉飾も書かないと完結しないと，編集者や友人からいわれてその気になったのだが，いざ書くとなると，逆粉飾では，財務内容までが公開されている実例がないことでまず躓いた。

　それに，逆粉飾に興味を持つ読者が少ないのではないかという不安もあって，しばらくは計画のまま，たなざらしの状態にしていたのだが，労働組合の人から，逆粉飾についての，やさしい解説書が欲しいということを言われ，逆粉飾にもニーズのあることを知った。

　逆粉飾は会社の信用状態を実際より悪く見せるものだから，与信管理の担当者には逆粉飾を歓迎する気持ちがあって，逆粉飾に対する関心が低いのだが，これは間違いだということに気がついた。

　逆粉飾は利益を隠すことだが，利益を隠すだけでは意味がない。生涯あくせく働いて金儲けに明け暮れた末に，千両箱をもって墓場にいくようなものだ。逆粉飾をする目的に利益の平準化がある。最近のように，経済の移り変わりが激しい時代では，昨日の優等生が，今日は劣等生になりかねない。利益隠しに余念のない会社が，明日には，粉飾に骨身を削っているかもしれない。

　普段，順調に利益を出していれば，景気が落ち込んで業績が低下しても，そのことを隠す必要はない。利益隠しをしようとする経営者には，利益が出なくなると，粉飾に走りがちな性格の経営者が多いと思われる。

　利益の埋蔵金があると，埋蔵金に頼ってつい経営が甘くなる。埋蔵金を頼りに合理化の着手に遅れて，取り返しのつかない事態に追い込まれる。

　いずれにしても，会社の業績や財政状態をあからさまに公開するのが最良の経営であって，隠し立てをすると，経営者までもが実態を把握できずに，会社

の将来を見誤ることになる。すべてを公開して，社会や利害関係者の厳しい批判の目にさらした上で，自らは，会社の現実を十分に認識して経営の舵取りをする必要がある。

　逆粉飾は，会社の規模に比べて，それ程大きなものにならないのが普通だし，売上ごと資産まで簿外にするようなことになると，痕跡が見つからないし，バランスの崩れも少ないので，発見が困難なことが予想される。

　しかし，たとえ，逆粉飾の段階で発見できなくても，粉飾に転換する時点で，変容に気がつけば，貸倒れ事故を防ぐことができる。

　ただ，逆粉飾時代の，優良会社のイメージがあるために，業績が悪化して，粉飾に変わっているのが見抜けないことになる。利益を出しているからと安心していると，突然倒産して，貸倒れの被害にあうことになる。常に，粉飾の可能性を念頭に会社を見ていれば，逆粉飾から粉飾への転換を見逃すことはないだろう。また，逆粉飾は粉飾とは裏腹の現象であり，逆粉飾の知識は粉飾の解明に役立つ。

　そのような思いから，本書の執筆に踏み切ったのだが，本書は，ほかに，含み益経営にも触れている。含み益経営は，効果においては，利益を隠して，業績が悪化したときには，含み益を表に出して，業績悪化を隠すものであり，逆粉飾との共通点が多いからである。

　逆粉飾については，まだスタートをきったばかりの状態なのだが，これから，読者の皆様のご支援も得て，内容を深めていきたいと考えている。読者のご支援を心からお願いしたい。

　本書の刊行に際しては，税務経理協会の峯村英治部長はじめ多くの方にお世話になった。紙面をお借りして御礼を申し上げる。

平成21年8月8日

　　　　　　　　　　　　　　　　　　　　　　　　　　　井端　和男

目　次

はしがき

第1章　序　説

1 はじめに …………………………………………………………… 3
- **1** 日本漢字能力検定協会のケース ………………………… 3
- **2** 逆粉飾の定義 ……………………………………………… 4
- **3** 逆粉飾のいろいろ ………………………………………… 4
- **4** 保守主義と逆粉飾 ………………………………………… 7

2 粉飾と逆粉飾 ……………………………………………………… 9
- **1** 逆粉飾は単に粉飾の逆の操作なのか …………………… 9
- **2** 発見の難易度による差異 …………………………………10
- **3** 逆粉飾には限度がある ……………………………………11

3 逆粉飾の弊害 ………………………………………………………13
- **1** 逆粉飾は与信管理では無害か ……………………………13
- **2** 経営者や親会社などに私物化されるリスク ……………13
- **3** 逆粉飾は業績悪化時には粉飾に変わる …………………15
- **4** 優良会社の先入観が，粉飾への転換を見逃す …………17
- **5** 合法的な利益隠し …………………………………………18
- **6** 逆粉飾を行う会社側のリスク ……………………………19

4	部門などでの逆粉飾 ……………………………………21
	1 トップの姿勢が局地型逆粉飾を生む …………………21
	2 取引先支援のための局地型逆粉飾 ……………………22
	3 内部統制と局地型逆粉飾 ………………………………23

5	ま と め ……………………………………………………25

6	本書の構成について ………………………………………27

第 2 章

逆粉飾の手口と発見法

1	裏金作りの逆粉飾 …………………………………………31
	1 裏金作りのテクニック …………………………………31
	2 社内で裏金処理するもの ………………………………33
	3 社外に流出させる裏金作り ……………………………33
	4 発 見 方 法 ……………………………………………34

2	脱税目的の逆粉飾 …………………………………………36
	1 脱税と逆粉飾との違い …………………………………36
	2 脱税と逆粉飾が一致する場合 …………………………37

3	逆粉飾の手口について ……………………………………38
	1 収益の一部を隠す逆粉飾 ………………………………38
	2 原価や経費水増しの逆粉飾 ……………………………42
	3 特別損益による利益隠し ………………………………46
	4 引当金による利益隠し …………………………………48

　　　　　　　　　　　　　　　　　　　　　　　　　目　　次

　　5　関係会社を利用した逆粉飾 ……………………………………50
　　6　関係会社を利用した逆粉飾の問題点 ……………………………51

4 **その他の逆粉飾** ………………………………………………………53
　　1　継続性違反の逆粉飾 ………………………………………………53
　　2　国外取引や外国の子会社などを利用した逆粉飾 ………………53

5 **ま　と　め** ……………………………………………………………55
　　1　質的情報の重要さ …………………………………………………55
　　2　逆粉飾から粉飾への転換に注意 …………………………………56

6 **ケーススタディ** ………………………………………………………59
　　1　K社のケース ………………………………………………………59
　　2　損益計算書の調査 …………………………………………………59
　　3　貸借対照表の調査 …………………………………………………59
　　4　逆粉飾から粉飾への転換 …………………………………………60

第 3 章
含み益経営と逆粉飾

1 **はじめに** …………………………………………………………………69
　　1　含み益にあぐらをかいた含み益経営 ……………………………69
　　2　バブルに便乗して含み益を創出する経営 ………………………70
　　3　設備投資と含み益 …………………………………………………70

2 **トスコ株式会社** …………………………………………………………71
　　1　トスコの業績推移と倒産 …………………………………………71

| 2 | 自己資本比率36％での倒産 …………………………74
| 3 | 含み益吐き出しの歴史 ……………………………76
| 4 | 長期間にわたる赤字の垂れ流し …………………79
| 5 | 含み益と含み損の混在？ …………………………80
| 6 | 16年間にわたる赤字経営の実態 …………………82
| 7 | 含み益経営と逆粉飾の同質性 ……………………83
| 8 | 取得価額による固定資産回転期間の推移 ………85
| 9 | 時価評価による資産回転期間の推移 ……………86
| 10 | 含み益が早くに実現していたら …………………88
| 11 | トスコの財務分析 …………………………………90
| 12 | 改善策について ……………………………………93
| 13 | ま と め ……………………………………………95

3 株式会社アーバンコーポレイション …………………………99

| 1 | 倒産までの経緯 ……………………………………99
| 2 | 大規模粉飾のパターン ……………………………100
| 3 | アーバンの財務分析 ………………………………102
| 4 | 棚卸資産回転期間の推移 …………………………104
| 5 | 高い利益率の秘密 …………………………………106
| 6 | 含み益が一転して含み損に ………………………107
| 7 | 三菱地所株式会社との比較 ………………………109
| 8 | 倒産への道 …………………………………………112
| 9 | ま と め ……………………………………………113

4 トヨタ自動車株式会社 ……………………………………………116

| 1 | 本田技研工業株式会社との比較 …………………116
| 2 | 損益指標の推移 ……………………………………119
| 3 | 資産・負債・純資産残高の推移 …………………120

目　次

- **4** 含み損益の推定 …………………………………………………122
- **5** ホンダの場合 ……………………………………………………124
- **6** まとめ ……………………………………………………………126
- **7** 2009年3月期の業績と今後の予想 ……………………………129

第4章
キャッシュ・フローによる分析

1 キャッシュ・フローによる分析法 …………………………………135
- **1** キャッシュ・フロー計算書による逆粉飾発見法 ………………135
- **2** 営業ＣＦによる逆粉飾（粉飾）発見法 …………………………135
- **3** 暗黙の利益操作について …………………………………………138
- **4** 投資ＣＦによる逆粉飾（粉飾）発見法 …………………………139
- **5** フリー・キャッシュ・フローについて …………………………143
- **6** 投資ＣＦによる逆粉飾チェックにおける注意点 ………………144

2 事務用機器メーカーＡ社 ……………………………………………145
- **1** Ａ社の紹介 …………………………………………………………145
- **2** Ａ社の業績推移 ……………………………………………………145
- **3** まとめ ………………………………………………………………159

3 娯楽機械メーカーＢ社 ………………………………………………161
- **1** Ｂ社について ………………………………………………………161
- **2** 逆粉飾のパターンについて ………………………………………164
- **3** 3要素総合回転期間 ………………………………………………165
- **4** 有形・無形固定資産について ……………………………………170
- **5** 投資その他の資産 …………………………………………………171

| 6 | 総資産回転期間 …………………………………………172
| 7 | 基礎資金回転期間について ……………………………174
| 8 | キャッシュ・フロー計算書による分析 ………………175
| 9 | ま と め …………………………………………………177

第5章
労働組合のための財務教室

1 はじめに …………………………………………………181

2 内部留保と雇用問題 ……………………………………183
| 1 | 内部留保を使えば雇用は維持できる ……………………183
| 2 | 内部留保は設備投資に優先使用すべきか ………………184
| 3 | 設備投資と減価償却 ………………………………………184
| 4 | 資金繰りと利益の留保 ……………………………………186
| 5 | 内部留保がゼロでも雇用も設備投資も必要 ……………187
| 6 | 設備投資と雇用はセットで計画する ……………………188
| 7 | 経営者は経営全般を眺めて資金配分をしなければ
       ならない …………………………………………………188

3 特殊な利益減らしについて ……………………………189
| 1 | 減損損失と利益減らし ……………………………………189
| 2 | 税効果会計を利用した利益減らし ………………………191
| 3 | 引当金の過剰引当てによる利益減らし …………………192
| 4 | 配当と雇用費用との違い …………………………………192

4 利益隠しなどの見破り方 ………………………………194

目　次

- **1** 常識的な判断が肝心 …………………………………… 194
- **2** 粉飾を見つけたとき …………………………………… 195

5 内部統制制度と労働組合 …………………………………… 197

6 経営者へのお願い …………………………………………… 199

索　引 …………………………………………………………… 201

第1章 序説

1 はじめに
2 粉飾と逆粉飾
3 逆粉飾の弊害
4 部門などでの逆粉飾
5 まとめ
6 本書の構成について

1 はじめに

1 日本漢字能力検定協会のケース

　財団法人「日本漢字能力検定協会」（以下，漢検協という）の儲け過ぎが問題になっている。
　2006年から2007年の2年間で，公益法人の漢検協が，公益法人としては認められない巨額の15億円もの利益を計上していたというのだ。
　さらに，漢検協では，大久保前理事長らの親族企業に巨額の業務委託費を支払っていた。親族企業のうち三社が委託業務を別会社に再委託し，2008年度までの3年間に35億円もの差益を上げていたとのこと。漢検協の調査委員会の報告書によると，親族企業の売上高の大半が漢検協に対するものだが，その取引は，漢検協の資産を外部に流出させるための「必要のない取引」であったとのことである(注1)。
　つまり，漢検協の利益は巨額の業務委託費を支払ったあとのネット利益であり，業務委託費の支払いは，企業会計でいうと逆粉飾のケースに当たる。公益法人の利益隠しと，正副理事長父子の関係先への利益移しを同時に実行していたことになる。
　逆粉飾により利益を外部流出させても，まだ，儲けが多すぎるというわけである。

第1章 序　　説

2　逆粉飾の定義

　ここで，逆粉飾とは，不適切な会計処理によって利益を減らす操作をいう。赤字を黒字に見せかけたり，利益を水増しして実際以上に儲かっているように見せかける，通常の粉飾とは反対の利益操作のことをいう。

　利益を減らす操作も，水増し操作もともに粉飾と呼ばれることが多いが，ここでは，利益を減らす操作を逆粉飾と呼び，利益を水増しする操作を，単に，粉飾と呼ぶことにする。

　利益を減らす逆粉飾には，将来，何らかの形で利用するために，一時的に利益を隠しておくためのものと，利益を文字通り減らしてしまうものとの別がある。

　後者の文字通り利益を減らしてしまう例には，どうせ税金に持っていかれたり，親会社に吸い上げられるのだから，経費をじゃんじゃん使って贅沢をするといったケースもあると思うが，このような無意味な無駄遣いは，ここでは逆粉飾とはいわないことにする。

　最終利益の金額は変えないが，損益計算書や貸借対照表の表示を変える逆粉飾もある。例えば，経常損益に関係する収益を特別損益の部に移して，経常的には儲かっていないように装ったり，現金・預金を固定的な資産に振り替えて，現金・預金を少なく見せかけるなどの手口も逆粉飾の一種といえるだろう。

3　逆粉飾のいろいろ

　逆粉飾は，漢検協のような公益法人だけでなく，官公庁の天下り先の外郭団体などで，不適正に利益を外部流出させるためや，儲けすぎを隠すために行われることが多いのだが，民間企業でも脱税や裏金の捻出，金銭の着服などのために行われることがある。

1 はじめに

　週刊誌AERAによると，財団法人「道路保全技術センター」（以下，道保センターという）で，国からのカネをため込んだ「埋蔵金」を隠した疑いが持ち上がっている。

　2008年2月の国会で，民主党の細野豪志議員が，道保センターで24億円もの現金預金をため込んでいることを取り上げ，「この現金預金を取り崩して国民の皆さんにお返しすべきだ。内部留保の額として，閣議決定された基準量を超えている」と追及した。公益法人の内部留保額は，事業費と管理費の3割以下と定められているのだ。

　2009年2月6日の衆議院予算委員会で，細野議員がこの問題を再度取り上げたのだが，同センターでは，前回の指摘を受けた後に，典型的な埋蔵金のうち15億円を大慌てで，道路保全技術等推進基金に積み立てる操作を行っているとのことである。

　細野議員は「現金で置いておけば，国に取り崩せ（＝国に返せ）と言われることを恐れ，簡単には動かせない基金にすることで固定化をはかったんだろう」と見ているが，細野議員の質問に対して，金子国交省相は，「09年度までに国に返させる」と述べている。

　特定の基金に振り替えれば，内部留保を「埋蔵金」に仕立てることができるようなのだが，AERAの取材に対して道保センターは，「この基金の設立は，道保センターの判断で行ったものではなく，国交省から『公益的なものに使え』といわれたので基金を作ったのであって，国交省の指示に従ったまでだ」と釈明している。

　「公益性を重視するなら，基金を立ち上げるよりも，国に返すべきではないか」とのAERAの質問に対して，道保センターでは，「基金の管理規程を作り，公益的に使うよう定めている。基金を作った後に，国へ寄付するよう定めた改革本部の報告がまとまったため，基金には手をつけていない」と答えている。しかし，基金の管理規程は内部規定なので，公表はしていないとのことで，15億円が公益のために使われることが担保されていない，と，AERAは指摘している。

第1章 序　説

　道保センターは国交省からの天下りが常勤役員のポストを占め，元建設省技監の理事長の年収は1,956万円であり，専務理事は1,659万円だったとのことで，給料の高さにも問題のあることを指摘している[注2]。

　脱税の場合，企業側では，合法的な節税であると考えているが，税務当局とは見解の相違があり，税務当局の指示に従って，納税を済ませたなどと弁明されるのが常である。このように，合法と非合法の境界があいまいで，企業外部の分析者には，その判断が困難である。ただ，脱税は，発覚すると社会的信用が失墜して，業績に悪影響を及ぼすし，重加算税などが課されて思わぬ損失をこうむることがある。その意味では，利害関係者に与える影響が大きいので，見逃すことができない重要関心事でなければならない。

　通常の民間企業の場合には，逆粉飾は，上記の諸目的のほかにも，下記のような目的にも利用されることが考えられる。

- オーナー社長の相続税対策のため
- 株主の過大な配当要求をかわすため
- 親会社や元請先などとの取引条件を有利にするため
- 儲けすぎや表向きにしたくない収益を裏で処理するため
- 労働組合との賃金交渉を有利にすすめるため
- 利益平準化のため
- 会社再建にあたって，できるだけ多額の損要素を落としておいて，再建の道筋をつけるため（いわゆるビッグ・バス効果をねらう）

　労働組合対策のために利益隠しが行われる場合には，会社対組合員の問題に留まらず，公正な所得分配が阻害されるために，経済活性化の阻害要因になるなど，国民経済にも大きな弊害をもたらす。現に，企業が儲かっていて，統計上は好況を謳歌している状態になっているのに，賃金が低く押さえ込まれているために，消費が低調に終始し，庶民には好況の実感が全くないといった現象が起こっている。

1 はじめに

　利益平準化は業績が好調なときに利益を隠しておいて，業績低下時には隠した利益を吐き出す利益操作である。利益平準化が行われる背景には，一時期に多額の利益を出すよりも，計上する利益が少なくなっても，長期間平均して利益を出す安定経営を株主などが望むことがあるのだろう。あるいは，赤字を出さずに，できるだけ長く現在の地位に留まりたい経営者の願望も影響しているものと推察される。

　事業の立ち上げ時に，費用を前倒しで計上して多額の損失を出し，事業が軌道に乗るときの業績をよく見せるのも一種の平準化のための逆粉飾といえるだろう。このような逆粉飾が行われるのは，事業の立ち上げ時にはマイナスが続くのが当然だから，多少損失が大きくても外部の利害関係者はあまり気にしないが，本格的稼働期にはいると，予定通りの業績を上げないと，評価が大きく下がることを恐れて行われるのだろう。

　例えば，楽天株式会社では，M＆Aを盛んに行って，業容拡大に乗り出した平成14年から同16年12月期までの3年間は，のれん代を発生時に一括償却していて，712億円の連結調整勘定償却額を計上している。このため，3年連続して当期純損益は大幅赤字になり，3年間の当期純損失の合計額は702億円に達している。その上で，平成17年12月期からはのれん代を一括償却から一転して20年定額償却に変更し，平成17年12月期には194億円の当期純利益を上げている。

4　保守主義と逆粉飾

　会計の世界では，昔から保守主義の原則が重要視されている。保守主義の原則とは，会計処理に当たって，基準や処理方法について二通り以上の選択が許される場合には，できるだけ保守的な選択を行うべしとするものである。具体的には，収益の計上はできるだけ遅らせ，費用の計上はできるだけ早めに行うことであり，保守主義の適用は経理マンの美徳であるとされてきた。

第1章 序　説

　保守主義の原則は，わが国における企業会計のバイブルである「企業会計原則」においても，一般原則の一つとして取り上げられていて，「企業の財政に不利な影響を及ぼす可能性がある場合には，これに備えて適当に健全な会計処理をしなければならない」と謳われている。

　しかし，過度の保守主義の適用は，結果として利益隠しの逆粉飾と変わりがないし，利害関係者の目を欺くことになるなど，弊害も多いので，むしろ悪徳行為となることが多いと思われる。

　過度の保守主義は，税務当局のみならず，株主や，従業員にも多大の影響を与える。株主の場合には，長い眼で見ればいずれは株主に還元されるものだから，半永久的に保有する株主には原則として損得はないのだが，その時々の株主の利害に影響するので，株主の立場からも，手放しでは容認できるものではない。

　過度の保守主義の適用が，従業員のベースアップや，ボーナスの押さえ込みに利用される場合の弊害については前に触れたが，深刻な不況の到来により，派遣社員などの非正規従業員の整理が大々的に行われ，その矛先が正規の従業員の解雇にまで及んできていることから，引当金や内部留保の使い道を巡って論争が生じている。内部留保金や過剰な引当金は，不況期の雇用を守るためにも使われるべきだというのである[注3]。

2 粉飾と逆粉飾

1 逆粉飾は単に粉飾の逆の操作なのか

　粉飾は，経営者が現在の地位や収入を維持するために行われる一種の犯罪行為である場合が多いのだが，従業員の生活や，取引先の利益を守るための経営者の苦渋の選択として行われる場合もある。

　今の苦境さえ乗り切ることができれば，何とか立ち直れるとの希望から，粉飾に踏み切るのであり，困難に立ち向かう志士として悲壮感が漂って見えることもあるのだが，結果としては，傷を広げて債権者の損の上塗りをし，従業員の再就職を更に困難なものにして倒産するなど，経営者の悪あがきに終わることが多い。

　これに対して逆粉飾は，債権者などの利害関係者には直ぐには損害を与えるものではない。しかしながら，従業員や株主の将来を守るためなどといってはいるが，結局は，経営者の保身のために行われることが多いし，政治献金や贈賄目的などの裏金作りが目的の場合には，犯罪に伴う後ろめたさが感じられる。

　逆粉飾は環境の変化に伴い粉飾に変わる可能性があるし，その逆もある。また，粉飾により，利益を水増しした上で，その利益を別会社などに移したり，個人が着服するために逆粉飾を行う操作では，粉飾と逆粉飾が同時に実行されることがあり，両者は密接に関係している。

　逆粉飾は粉飾の反対事象であり，発見法には粉飾発見法の逆を適用すればよいのだが，両者にはいくつかの違いもある。

第1章 序　説

2　発見の難易度による差異

　粉飾については，倒産会社の事例により，粉飾の典型的な構造や手口などの解明ができる可能性がある。最近は，倒産に至らない場合でも，会社側からは，外部の専門家も含めた調査委員会などの調査結果に基づいて不適切会計処理の内容が公開され，過去に遡って粉飾を訂正した修正財務諸表が公開されることが多く，粉飾の手口や実態を知ることで，粉飾発見法を考案したり，その効果を試すための参考資料が比較的豊富に入手できる。

　これに対して，逆粉飾の場合には，脱税や政治家への賄賂の支払い，あるいは個人の金銭着服などの場合を除き，逆粉飾が行われていたことが社外に公表されることは稀である。また，脱税などが新聞沙汰になる場合でも，逆粉飾の具体的な手口や内訳までもが発表されることはまずない。そのために，逆粉飾の手口などは推定でしか分からず，逆粉飾発見のための分析手法を考案しても，その効果を試す手段がないのが普通である。

　また，少なくとも上場クラスの会社では，財務諸表の数値が大きく歪むほどの逆粉飾は，実際問題として実行が困難と推察されるので，通常の財務分析の手法によっては発見が困難であり，風評や業界事情などの質的情報の分析が重要になる。

　粉飾により利益を水増しすると，貸借対照表では，資産の水増しになることが多い。資産を水増しすると資産回転期間が伸びるので，回転期間の分析により比較的容易に粉飾の兆候を探ることができる。

　これに対して逆粉飾では，資産隠蔽の形となって貸借対照表に現れることが多い。現在は合理化の時代であり，各企業ともに，合理化努力により資産を削減してスリム化を図っている。そのような中で，粉飾により資産の水増しを行うと，水増しが目立つために，財務分析による粉飾発見は比較的容易である。

　他方，資産の隠蔽は，合理化努力による資産削減との区別がつきにくいので，単純な回転期間分析が通用しないことが多い。

2 粉飾と逆粉飾

このように，粉飾に比べ，逆粉飾は発見が困難になることが予想されるので，粉飾発見法の延長としてではなく，別な視点からも分析を加えることが必要と考える。

3 逆粉飾には限度がある

粉飾は，理論的には際限なく続けることができるが，資金繰りの破綻により経営が挫折して終わりになる。これに対して，逆粉飾では，隠す利益の金額には限度があると考えられる。赤字にしてでも逆粉飾を行う場合は別として，逆粉飾は利益がゼロになるポイントで止められることが多いと推察される。

それに，打出の小槌でも持っていない限り，隠す必要のあるほどの利益をいつまでも稼ぎ続けることができる企業は少ないので，逆粉飾はやがては終わりになるのが普通である。その点では，含み損が累積されて，破滅に至るまで膨れ上がる粉飾に比べて危険性が少ないといえる。反面，逆粉飾では，いつの間にか粉飾に変わっていて，含み益が消滅しているといった事態が起こる可能性がある。

また，収益の先送りや，費用の先行計上の逆粉飾では，いつまでも収益の計上を遅らせたままにしておくことができないし，先行計上の費用は自然に費用として実現するなどして，逆粉飾が解消されることが多い。その結果，新しい逆粉飾を繰返す場合でも，際限なく利益の隠蔽額が累積されることは少ないと思われる。

平成19年1月に民事再生手続開始の申立てを行って倒産した情報サービス関連業者の株式会社アイ・エックス・アイでは，売上高が年々倍増を続け，平成14年3月期には26億円であった売上高が，4年後の平成18年3月期には16倍の403億円に達しているが，平成18年3月期の公表売上高の97%の391億円が架空売上高であったとのことである(注4)。

逆粉飾の場合を考えると，実際には403億円であった売上高を逆粉飾で12億

第1章　序　　説

円に減らすことは常識的には不可能である。そもそも，4年間に売上高が16倍に増えることなど，通常の企業では起こりえない。仮にそのような奇跡が起こったとしても，403億円の売上があれば403億円に見合った額のキャッシュ・フローが生じる。資産，負債も売上高に応じて増減する傾向があるので，売上高を無理に操作すると，資産，負債との間に大きな差異が生じて，相互のバランスを維持するのが困難になる。

　このように，大規模な逆粉飾には二重の制約があって，実際には，4年間に売上高が2倍程度に増えたとして，その2～3割を隠すのが関の山と考えられる。

　アイ・エックス・アイの粉飾は，循環取引によっていたので，売上水増しは比較的容易に実行できたのだが，循環取引の輪に加わった仲間に，応分の手数料を支払う必要があり，利益操作のために外部に流出する費用が高くつく。

　逆粉飾の場合も，利益隠しのために協力者が必要になり，そのために余計な費用が必要になることが多いと考えられる。利益を預かってくれる協力者も必要となるだろう。利益を預けるとリスクも発生する。金額が膨大になると，協力者を探すのに困難を伴うことになるだろう。

　余計な費用を支払い，リスクを負担してまで逆粉飾を実施するメリットがあるのかが問題になる。本当の数値を公表して税金を払う方がよいということになるのが普通である。

　粉飾では，架空利益に対しても税金を支払うことになるので，税務当局もそれ程厳しい追及はしないといわれている。これに対して逆粉飾は，脱税が主目的でない場合でも，脱税を伴うことが多いので，税務当局から眼を付けられるので，税務対策の面からも実行には制約がある。

　逆粉飾には，合法的なものを除き，実行にはいろいろな制約があるので，通常の企業では，長期間，継続的に行われるものよりも，不動産を売却して，まとまった売却益をえたときに，その売却益を隠すためなどに，スポット的に行われるケースの方が多いことが推察される。

3 逆粉飾の弊害

1 逆粉飾は与信管理では無害か

　粉飾は，企業の信用状態についての利害関係者の判断を誤らせるものであり，取引先の与信管理などにおいては，特に留意を要する重要課題であるが，逆粉飾については，信用評価にはプラス要因にはなっても，マイナスにはならないので，逆粉飾はむしろ歓迎されることもあると推察される。

　粉飾の場合には，粉飾が発見されたときには，与信管理の立場では，取引を減らして貸倒れのリスクを軽減させるとか，思い切って取引を中止するなどの処置がとられるのが普通である。他方，逆粉飾の場合には，逆粉飾の結果，財務内容が実態よりも大幅に悪化していて，そのまま評価をすると，与信限度額を必要金額よりも減額しなければならない場合に，実態に応じた金額の与信限度枠を設定するようなことがあると思われる。この場合でも，不確実性が付きまとうので，含み益など斟酌するべきでないことが多いと思われる。

　むしろ，逆粉飾などを行っていると言う事実をマイナスに評価して，より厳しい査定をするべき場合もあると思われる。

2 経営者や親会社などに私物化されるリスク

　企業は株主のものといわれているが，理念としては広く社会のものでなければならない。それが経営者支配などの言葉で表現されているように，経営者の私利私欲により，利害関係者の利益が蝕まれる危険性をはらんでいる。わが国

第1章 序　説

ではまだ，アメリカのように，経営者の強欲を問題にするところにまできていないと考えられるが，わが国でも，経営者の専横を防ぐ手立てが必要である。

逆粉飾により，収益性が低く表示され，隠した利益が埋蔵金となると，経営者の私欲を充たす対象になる恐れがある。

創業者社長が，私的な交際費を会社の経費としてふんだんに使い，家計のつけも会社にまわすのが常識のようにいわれているし，創業者でなく，サラリーマン社長でも，強権を利用して会社を私物化している例を見聞きする。

親会社が子会社を食い物にする例もある。

マザーズに上場していた株式会社アイ・ビー・イーホールディング（以下，ＩＢＥという）は，平成10年11月に，Ｘ社がマルチメディア事業部を分社化して設立された会社だが，その後，ＩＴ業界での名門会社3社を取り込んで，Ｘ社ほか3社の合弁会社になった。平成14年12月にはマザーズに上場して，公開会社になったのだが，上場は，旧宗主家のＸ社が上場によるキャピタルゲインを獲得するために仕組んだものであったとのことである。

更に，その後も，Ｘ社の資金繰りを助けるために，Ｘ社が仕組んだ循環取引に参加することを強要され，ＩＢＥでは不適切取引に手を染めることになった。

Ｘ社への資金支援のために，ＩＢＥ自身の資金繰りが苦しくなっていたし，Ｘ社からは過酷な予算の達成を強いられていたため，ＩＢＥ自身でも別に循環取引の粉飾を仕組み，循環取引を実行するようになった。これら循環取引がエスカレートして日常的に行われるようになった末に，粉飾が明らかになり，ＩＢＥは上場廃止の処分を受けた。

合弁会社化や上場により，Ｘ社は早くから支配株主ではなくなっていたが，実質的にはＩＢＥはＸ社の指示に逆らえなかったようで，旧宗主会社のエゴの食い物にされた会社の例である[注5]。

ＩＢＥのケースは，旧宗主会社が，当社を上場させて，キャピタルゲインを獲得し，更に，資金繰りのために当社を利用しただけであり，直接，利益を吸い上げることはなかったようだ。

このような例もある。ある会社では減収・減益が続いた末に，当期純利益が

赤字に転落したが，その翌年には，売上高が突然急上昇して，当期純利益も黒字になった。新しい提携先が見つかり，その支援のもとに経営の建て直しが始まったと解釈していたのだが，その後，業績の上昇は粉飾によるものであったことが明らかにされ，その会社は倒産した。

倒産後に発表された修正財務諸表によると，増収により実際には採算が大幅に悪化していて，新しい提携先に利益を貢ぐために増収を仕組んだものと解釈される。

3 逆粉飾は業績悪化時には粉飾に変わる

逆粉飾も粉飾と同様に財務諸表の数値が歪められる結果，経営者自身も経営の方向を見誤る危険性がある。外部の利害関係者は，主に財務諸表によって会社の実態を判断することになるので，粉飾や逆粉飾により歪められた財務情報は，正しい評価をするのに障害となり，逆粉飾は，与信管理の立場からも，国民経済的観点からも見逃すことができない社会悪の一種である。過度の保守主義の適用のケースを含めて，粉飾同様に厳しく追及されなければならない。

逆粉飾は，業績悪化時の利益の吐き出しにより，粉飾に変わる可能性があり，この意味では，逆粉飾は結果として，利益平準化の利益操作になることが多いと思われる。

本書では，好況などで利益の多い時期に利益を隠しておいて，不況などで，業績が低迷する時期に吐き出す中長期的で，計画的な利益平準化を主に取り扱う予定であるが，日常的に行われる利益操作もある。車が右に傾けば，体が自然と右に傾くといった，自律神経の作用による本能的とでもいえる利益調整もあるだろう。

上場会社では，年次決算の発表に際して，翌年度の業績予想を公表する。この予想値は，修正があるごとに修正値が発表される。

信州大学の関利恵子氏は，経営者は公表した業績予想値に実績値を近づける

ために利益調整が行われていることを統計的に確認している[注6]。

経営者は，利益調整についての，ある程度の手段や材料を持っていて，それら手段などを使って利益調整を行い，目標値の達成に努めていることが推察される。

利益平準化については，経営者が利益平準化を用いて，将来利益についての私的情報を投資家に伝達するものであり，将来キャッシュ・フローの予測についての情報量を高めるとの研究発表がある[注7]。これも，経営者が，利益調整についての材料を利用して，目標の実現をはかる努力をする結果であることが推察される。

また，名城大学の国村道雄教授は，わが国の自動車産業において，在庫の調整により，利益調整が行われていることを統計的に確認している。

生産量の増減により，製品単位当たりに賦課される固定費が増減する。この原理を利用して，利益が多いときには生産量を制限して製品単価を引き上げ，売上原価を増やして，当期利益を減らす。利益が出ない時期には，反対に，生産量を増やして，単位当たりの売上原価を減らして利益を増やすことができる。この原理を利用して，生産量を調整することによって，利益調整ができる。

国村氏は自動車産業の57社の8年分の財務データを分析して，トヨタグループ以外では，在庫の増減による利益平準化を確認している。

トヨタグループでは確認できなかったのだが，これは，トヨタ生産システムのもとでジャスト・イン・タイム（JIT）が在庫による利益平準化を未然に抑止したからと，国村氏は考えている[注8]。

経営者は，合法的に利益を調整できる手段などを持っており，常にそれらを利用していることが推察されるのだが，このような操作には限界があって，その効果は限定的であると考えられる。

事実，期末が近づくにつれて，予想値を上方に，あるいは下方に大幅に修正する発表が続くのが現実である。このことは，非合法な手口を使わない限り，望み通りに利益を調整することは困難であることを示している。

利益平準化が，経営者の将来利益についての私的情報を提供するとのことだ

が，この種の経営者の私的情報が会社の評価において，どの程度有用であるかに疑問がある。

　平準化が一定のルールに従って忠実に実行されるのではなく，その時々の事情により，経営者の恣意により歪められる可能性が高いし，経営者の思惑通りに景気が変動するとは限らないことなどから，利益平準化については，情報量を低める作用の方を重視すべきと考える。

　いずれにしても，経営者の歪んだ発想や行動の裏を読んで，会社の進路を推定するというのは，いかにも回りくどくて，読み間違うことも多いと思われる。

　以下において，利益平準化を取り上げる場合には，上記のような，日常的に行われる経営者の手持ちの合法的な手段などを利用した条件反射的な利益調整とは違った，計画的で比較的規模の大きい利益平準化を主に取り上げることにしたい。

4　優良会社の先入観が，粉飾への転換を見逃す

　利益平準化についての最大の問題点は，優良会社であるとの先入観があるために，外部の利害関係者は，逆粉飾が粉飾に変わっていることに気がつかないことが起こりうることである。利益を出し続けているので，相変わらず業績が好調だと見ていると，実際には赤字体質に転落していて，突然，多額の赤字を出して経営破綻することが起こりうる。その結果，債権者も思わぬ損失をこうむることになる。

　逆粉飾が行われるのは，経営者のコンプライアンスについての意識が希薄であり，経営者としてのモラルや体質に問題のある会社に多いと推察される。

　逆粉飾により利益操作に対する抵抗感がなくなっていることもあり，業績が悪化した場合，これまでの逆粉飾から粉飾に切り変えるのに，心理的な抵抗が少ないことも考えられる。

　財務の開示姿勢から，経営者や会社の体質や本性を見抜くことが，財務自体

の構造や欠陥などを究明すること以上に重要であるといえる。逆粉飾を見破るのは，こうした体質などを見抜くことに通じる。

5 合法的な利益隠し

　合法的な利益隠しについても，結果的には，逆粉飾による利益隠しと同じなので，逆粉飾と同じ弊害がある。

　ここで，合法的とは，例えば，貸倒れなど起こる可能性がないのに税法などの限度額一杯に貸倒引当金などを設定することをいい，税法上合法的であることをいう。税法上合法的でも，会計制度上は合法的であるとは限らないが，公認会計士などの監査を受ける義務のない通常の会社では，税法上認められる処理は，適正な会計処理として通用するのが普通だし，上場会社などでも，よほど悪質な利益隠しでない限り，税務上認められるものは，公認会計士なども特に異論を唱えることは少ないと思われる。

　ただ，節税と脱税は紙一重の差しかなく，会社側では合法的と考えていても，脱税のケースとして摘発されることがあり，訴訟に持ち込んでも，会社側が敗訴することが多いので，節税だから問題はないと安心するわけにはいかない。合法的な利益隠しの手口には次のようなものが考えられる。

- 不動産や有価証券の含み益を貯める。
- 税法上の限度額を利用して，必要以上に引当金を設定する。
- 減価償却を税法限度一杯に行う結果，過剰償却にする。
- 将来，回復する見込みがあるのに，多額の減損損失を計上する。
- 未収収益，前払費用を計上しない。
- 試験研究費，開発費，のれんなどを全額費用に計上する。
- 物価上昇期における後入先出法の適用（但し，平成22年4月1日以降開始する事業年度からは後入先出法の採用は認められない）。
- 欠損金のある会社を買収するのだが，形の上では，欠損金のある会社に吸

3 逆粉飾の弊害

収合併された形にして，繰越欠損金の税務上の恩典を利用する。

合法的な手段で含み益を貯めこむケースには，古くから所有している不動産や株式が値上がりして，意図的にではなく自動的に含み益になるケースと，値上がりが期待される資産を買い込んで値上がりを待つケースや，税法で認められる減価償却を目一杯に実施することなどにより積極的に含み益を隠せる資産を増やし，積極的に含み益を作り出すケースがある。後者のケースでは，含み益を作り出すつもりで購入した資産が，逆に含み損資産になるリスクもある。

6 逆粉飾を行う会社側のリスク

逆粉飾を行う企業自身でも，次のようなリスクのあることが考えられる。

・逆粉飾における最大のリスクは，脱税を摘発されることである。脱税の露見により，信用が失墜して，思わぬ損失に繋がることがある。
・利益を隠すだけでは不充分であり，隠した利益を表向きにでも使えるようにするには，一種のマネーロンダリングが必要になるが，この過程でもさまざまなリスクがあり，費用がかかる。
・売上の一部の計上を行わない逆粉飾では，従業員などの局地型不正行為を誘発する恐れがあり，社内の綱紀を維持するのが困難になる。
・経営者や従業員も，逆粉飾だから取引先には迷惑を掛けないと考えて，逆粉飾に手を付けたのだが，いつの間にか粉飾の落とし穴にはまってしまうことになりかねない。
・含み益にあぐらをかいて，経営に厳しさがなくなり，収益力が減退する恐れがある。合理化努力を怠って，成長過程から後退局面に入ってから合理化に着手するのでは手遅れになることが多いと思われる。但し，含み益を頼りに，リスクを冒してでもベンチャーに挑むことができるメリットもある。
・含み益を隠し，取得価格で低く評価すると，固定資産や総資産は実態より

第1章 序　説

も少なく表示されるので，回転期間などが短く計算されるなど，財務の実態を現さなくなる。
・本当の収益力が経営者にも分からなくなる。
・株式買占めの対象になりやすい。
・社債発行や増資において不利になる（持分の社外流出が起こる可能性がある）。
・従業員に対する分配率を低く押さえる結果，従業員の士気が低下する。
　このようなリスクのあることを考えただけでも，逆粉飾は割に合わないことを認識する必要がある。

4　部門などでの逆粉飾

1　トップの姿勢が局地型逆粉飾を生む

　会社に隠れて，部門や従業員個人，あるいは関連会社などで，逆粉飾が行われることがある。この種の逆粉飾を，ここでは局地型逆粉飾ということにする。
　局地型逆粉飾は，主に利益平準化のために行われるが，取引先の支援や，個人の金銭着服のために行われることもある。
　利益平準化のために局地型逆粉飾が行われるのは，多額の利益を上げても，それほど高い評価をしてもらえないのに，業績が低下したり，赤字を出すと懲罰的ともいえる大幅な減点をされる傾向や慣習がある場合に，所属部門や個人の保身のために行われることが多い。
　トップが増益を続けることにこだわり，減益や赤字を極端に嫌う場合には，部門では利益を小出しにして，増益を続けられるように利益操作をすることになる恐れがある。そして，業績が低下して，減益や赤字が避けられないし，含み益が底を突いたときには，増益を維持するために今度は本当の粉飾が行われることになる危険性が高い。その後も業績が回復しない場合には，粉飾が，期ごとにエスカレートすることになる。必ずしもトップの意向に迎合するのでなくても，担当者個人などが，赤字を極端に嫌う場合にも，逆粉飾をして，利益の平準化を狙うことも起こりうるだろう。
　トップは常に増益を目標とするのは当然のことだが，それを全社に命令するには，会社の現在のポジションを充分に認識して，実現の可能性が高いことを確かめてからにするべきであろう。
　増益達成のためには，営業力の増強などを計画的に進める必要がある。その

第1章 序　　説

ためには，営業部などの計画を支援するための全社的な組織と制度が必要である。更に，粉飾に走らないように，内部統制制度を整備し，営業力増強運動に会社が協力するなどの体制整備が必要である。

　このような体制を整えたとしても，常に，増益を達成するなどは実際問題として無理な課題であり，実態に合わせた予算を作成させ，単に，売上高や利益の金額だけで業績評価をするのでなく，市場の環境などの状況を勘案して，公正な基準で評価をすることも必要である。

　このような，体制の整備なしに，ただ，増益の号令を掛けるだけでは，粉飾をしてでも，目標を達成せよというのに等しい。

　いずれにしても，トップの姿勢が従業員などに浸透するものである。トップが利益隠しに走ると，他の役員や従業員もそれを見習う。

　社長が政界に進出している会社で，利益を多くあげた部門よりも，社長に政治資金を裏金で貢いだ部門の方が評価されるといった話を聞いたことがある。社長へのゴマすりのために，社内の各部署で利益隠しが行われると，収拾がつかない事態に陥る恐れがあり，そのうちに，従業員等による金銭着服などの不正に発展することもある。

2　取引先支援のための局地型逆粉飾

　一部門や個人が取引先支援のためには，いったん逆粉飾により利益を隠した上で，支援先に流れるようにするのが普通である。このような支援を行う場合，歯止めが利かないために，大きく膨れ上がる危険性がある。そもそも，会社に隠れて取引先を支援する場合，その取引先が支援に値する企業かどうかの審査が適正には行われず，再建の見込みのない企業にも援助を続けることになる。その場合，不正の露見を恐れて，いつまでも支援を続けざるをえなくなる。

　局地型逆粉飾は，経理の専門家が行うとは限らないので，技術的に稚拙なものが多く，税務調査などで，簡単に発見される危険性がある。

3　内部統制と局地型逆粉飾

最近，局地型粉飾については，会社から公表されることが多くなったが，局地型逆粉飾が公表されることは稀である。また，局地型粉飾があった場合でも，従業員などが金銭などを着服して，私服を肥やした事実は見つからなかったと報告されるケースがほとんどである。

局地型粉飾が行われているのと同じ程度に，局地型逆粉飾も行われていると推察されるし，どちらも不適切会計処理であることには違いがないのだから，一方だけを公表するのはおかしいと思う。

会社では，粉飾ほどには深刻には受け止めておらず，会社の埋蔵金作りに協力してくれているといった，安易な気持ちで接しているのかもしれない。その結果，発見された場合でも，裏でコッソリ処理をするし，監査人側でもそれを大目に見てもよいとのコンセンサスがあるのかもしれない。

従業員の金銭着服の不正については，不適切会計処理のほかに，このような事実のあったことが知れると，会社の内部に犯罪が巣くっているとのニュアンスが外部に伝わって，会社のイメージが著しく損なわれる恐れがあるので，不適切会計処理のことだけを公表して，その他は隠すのだろうか。

粉飾の疑惑が生じた場合，会社では，外部の弁護士や公認会計士などによる外部調査委員会を作って，調査をした上で，調査結果を公表するのが一般的になっている。

朝日新聞によると，企業が「うそ」の情報を開示していないかどうかをチェックする証券取引等監視委員会が，企業が不祥事の後につくる「第三者委員会」に厳しいまなざしを向け始めているとのことである。外部から委員として招いた弁護士らに原因究明を委ねても，まとめられた調査報告書に経営者側の意向に沿ったとみられる「うそ」が見つかるというのだ[注9]。

内部統制報告制度に基づく最初の報告書が，平成21年3月期の決算発表とともに公表されている。問題があると記載した企業は56社であり，この数は全体

第1章　序　説

（2,672社）の2.1％に当たる。米国での初年度の16％に比べて著しく低いのだが，これは，企業が管理制度を刷新したことが大きいが，企業負担を軽減するなど，米国の導入時に比べ緩和した制度にしたことも一因と見られている[注10]。

売上高で500億円を超す企業で，問題があると開示したのは，ダイキン工業とセイコーエプソンの2社だけである。これら2社では，ともに子会社で不適切な会計処理が判明した企業であり，明らかに問題のある企業である。

過去において，不適切会計処理の存在を公表した企業では，調査結果の報告書において，例外なく，内部統制上欠陥のあったことを反省している。内部統制は制度上は整備されているのだが，実際には機能していなかったというものである[注11]。

売上高500億円以上の企業で，局地的に不適切会計処理が行われているのに，未発見のまま，不適切会計処理が続いているケースもあると思われる。内部統制に問題があると記載した企業は，不適切会計処理が発見された2社に限られているということは，制度上は内部統制制度が完備していることから，実際は機能していなくても，問題があるとは認識していないのであろう。今後，不適切会計処理が摘発されるにつれて，内部統制上の欠陥を記載する企業が増えてくることが推察される。

局地型にせよ会社ぐるみ型にせよ，逆粉飾は粉飾とは別次元のものであるとの考えが，企業にあるようなのだが，逆粉飾の弊害などの問題点について，内部統制報告制度の開始を期に，企業側でも真剣に検討する必要があるように思われる。

その場合には，企業自身の立場からだけではなく，利害関係者に対する影響や，利害関係者からのリアクションなどをも考慮して，公正な開示のあり方を会社なりに検討するべきである。そのためには，逆粉飾の実態について，少なくとも粉飾の場合と同程度の密度で，開示をすることから始めるべきと考える。

5 まとめ

　これまでは，逆粉飾については，税務当局の関係者などを除いて，逆粉飾に興味を持つ人が少なかったように思われる。しかし，これまで，検討してきたように，逆粉飾はやがては粉飾に変わる可能性が大きいし，粉飾と同時に実行されることもある。

　経営者の利益の私物化や専横を防ぐために，株主はもちろんのこと，債権者，従業員，下請業者や顧客などの利害関係者は厳しく経営者を監視する必要がある。

　逆粉飾が見抜けなくても，粉飾に移った段階で異常に気がつくことがあるし，粉飾の分析から，その前段階で行われていた逆粉飾の実態を知ることができる可能性がある。逆粉飾は粉飾の反対事象であり，両方がわかって初めてそれぞれを完全に理解できる補完関係のあることも推察できるので，両者はセットで取り扱うべきものと考える。

　与信管理において，逆粉飾は信用評価のプラス要素だから無視してもよいとするのでなく，両者を同列に取り扱う必要がある。

　とはいっても，逆粉飾を外部の分析家が発見するのは簡単なことではない。それに，通常の業種の企業では，外部からでも把握できるほどの大規模な逆粉飾の実行は困難であり，それを見逃しても，大事故に繋がることが少ないと考えられる。

　したがって，脱税が行われやすい業種や，贈収賄などで裏金の授受が取りざたされる業種に属する企業については，風評などの質的情報に注意し，特に疑わしい企業については，逆粉飾の存在を前提に企業評価を行うなどの防衛策しかないことが多いと思われる。

　自社の経営管理において，経営者が安易に逆粉飾に手を染めるのを防ぐため

第1章 序　説

にも，逆粉飾の実態や，弊害などを充分に理解しておくことが望まれる。経営者のみならず，社内の各部門や関連会社などで，逆粉飾が行われるのを防止するための教育や，内部統制制度の整備が必要である。

　筆者はこれまでは，主として与信管理の立場から，粉飾に限定して，取引先をみることが多かったのだが，これからは逆粉飾の究明にも挑戦し，財務分析における視野を広めたいと考えている。取り敢えずの課題として，逆粉飾の手口や実態などの情報を集めて，逆粉飾発見の手法などの開発に着手したい。

6　本書の構成について

　以下の章においては，第2章で，逆粉飾について，各種のケースを想定して，その発見法を考察する。

　第3章では，効果において逆粉飾と同質と見られる，合法的に含み益を貯めこむケースを取り上げる。このケースでは，古くから持っている不動産などが値上がりして，自動的に含み益が生じるケースと，含み益を生む可能性が高い資産を意識的に取得して，含み益を積極的に作り出す操作をするなどのケースがあるのだが，この章では両方のケースを取り扱う。後者の場合には，含み益を作る目的で取得した資産が，将来，過剰資産となって，経営を圧迫する重荷になる危険性もあるし，思惑とは違って，含み損をうむ材料になるなどのリスクがある。

　第4章では，キャッシュ・フロー分析による逆粉飾発見法を検討する。キャッシュ・フローは粉飾発見に効果的であり，したがって逆粉飾にも効果的だと思われる。粉飾発見では，営業活動によるキャッシュ・フローが特に重視されるが，逆粉飾や含み益経営では，設備や投資有価証券などの固定資産が操作の対象になることが多いと推察されるので，投資活動によるキャッシュ・フローの分析も必要と考えられる。

　逆粉飾により被害を受ける恐れのある当事者として，労働組合が考えられる。経営者の逆粉飾に騙されて，ボーナスや昇給交渉を不利に押さえつけられる可能性があるので，第5章では，会社の逆粉飾を見抜くための基礎知識をやさしく解説する。

（注1）　平成21年4月18日付日本経済新聞"3年で35億円「差益」"
（注2）　平成21年3月2日号AERAによる。

第1章 序　　説

(注3)　平成21年1月30日付朝日新聞"内部留保，雇用に使える？"
(注4)　平成20年6月23日付アイ・エックス・アイ社の有価証券報告書の訂正報告書による。
(注5)　平成21年2月12日付株式会社アイ・ビー・イーホールディングの"外部調査委員会調査報告書の受領に関するお知らせ"による。
(注6)　関利恵子氏稿"連結予想利益の有用性からみた利益調整との関連"，2006年3月，「年報経営分析研究第22号」
(注7)　中島真澄氏稿"会計発生高の役割としての利益平準化の情報提供的有用性"平成20年12月号「会計」
(注8)　国村道雄氏稿"わが国自動車産業における利益平準化"「産業経理Vol.68, No.3」
(注9)　平成21年7月9日付朝日新聞「企業のウソ上塗り」
(注10)　平成21年7月16，17日付日本経済新聞「内部統制元年，上，下」
(注11)　拙著「黒字倒産と循環取引」第3部粉飾企業の追跡調査

第2章
逆粉飾の手口と発見法

1 裏金作りの逆粉飾
2 脱税目的の逆粉飾
3 逆粉飾の手口について
4 その他の逆粉飾
5 まとめ
6 ケーススタディ

1　裏金作りの逆粉飾

1　裏金作りのテクニック

(1)　逆粉飾の動機

　公認会計士などによる会計監査を受ける義務のない一般の会社では，経営者がその気になれば，逆粉飾は，いつでも実行できる。ただ，粉飾の場合と比べて，脱税以外には，逆粉飾を実行する積極的な動機が少ないと思われる。そして，脱税は犯罪行為として摘発され，処罰を受けるし，社会的な制裁も受けることが，逆粉飾を阻止する強力なブレーキになっていると考えられる。

　逆粉飾は，粉飾に比べて，動機やメリットが少ないことが推察されるのだが，脱税以外の動機として考えられるものに，裏金作りがある。

(2)　費用支払いのための裏金作り

　裏金作りは，次節で取り上げる脱税と同時に行われることが多く，脱税との区別が付けにくいのだが，ここで取り上げる裏金作りは，脱税はあくまでも手段であって，裏金作りが主目的であるケースである。

　裏金は，裏金を作る目的により次の3種類に分けることができる。

① 外部にリベートや賄賂などを支払ったり，社内で交際費や秘密給料の支払いに充てるため

② 経営者などの私的な目的に流用するため

③ 将来の必要に充てるため

　①のケースについて，例えば，契約をとるために必要な，交際費や賄賂などを裏で処理するためなら，裏金といっても，結果としては，仕入のコストを負

第2章　逆粉飾の手口と発見法

担したり，事業に必要な経費を正当に支出したものと変わりがない。非合法ではあっても，収益を上げるためには必要な支出であるという意味では，通常の費用と変わりがなく，これを利益減らしとすることはできないし，逆粉飾と呼ぶこともできない。裏での支出により，将来に向かって消えてしまうものなので，利益隠しにもならない。

②のケースについては，経営者の私的な遊興費に充てられたり，秘密報酬などとして支払われたものであれば，必ずしも経営に必要なものではないので，利益減らしといえるかもしれないが，放漫経営において，支出される冗費的な経費などと基本的に変わりがないし，将来に向かって消えてしまうものなので，基本的には①の裏金との違いはない。

逆粉飾を厳密に定義すると，裏金作りのうち③のケースだけが逆粉飾になるが，裏金作りの手口には，いずれの場合にも共通点が多いと思われるので，ここでは①，②，③の区別しないで取り扱う。

③のケースに限定するにしても，利益を隠すことが本来の目的ではなく，将来，何らかの形で利用できるものでなければ意味がない。将来の損失に備えるものであったり，非合法な費用などの支払いに充当するものもあるだろう。将来，機会をとらえて，経営者が私物化するのが目的である場合もある。

③の場合には，二つの関門を通らなければならない。一つは，利益を上手に隠すことであり，一つは，隠した利益を利用する方法である。個人の場合とは違って，天井裏に現金を隠すことだけでは解決できないし，愛人や賭博に浪費するのも芸がない。刹那的な衝動から利益を隠したが，結局，使い道に困るということになりかねない。西松建設の例は，裏金作りには成功したが，使用の過程で失敗したケースと思われる。

逆粉飾の究明に当たっては，隠し方と利用の手口にも精通する必要があるが，マルサでも，検事でもない財務の分析マンには無理な要求である。有効なツールも持たずに，手探りで推察するしかないことが多い。

2 社内で裏金処理するもの

　入金も出金も記録せずに，裏で賄賂を支払ったり，交際費を支払う場合には，収益も交際費なども表で処理されないので，会計帳簿などには，すべてが簿外になる。
　そのため，外部の分析者には，全く手がかりが得られず，財務諸表などの分析では，この種の資金の受け入れや支出を検出することは困難である。
　従業員が，架空の出張を繰返して，出張旅費を不正に受け取り，受取金を交際費や秘密給料などに流用するのも，この種の裏金処理ということができよう。

3 社外に流出させる裏金作り

　この操作の主なものは，売上代金の一部や全部を計上せずに，相手先や仲介業者などに預けておく手口や，仕入価格や経費を，実際の契約額よりも高く設定して，水増し金額で仕入先などに支払い，差額を仕入先などに預けるなどの手口である。この手口でも，会社の帳簿上は簿外になるので，財務諸表でも簿外になる。
　この操作のためには，預け先には預けるための謝礼金を支払わねばならないし，預かり人の方で，税金を負担しなければならない場合には，支払うべき税金も預け人側で負担する必要がある。
　例えば，経費を水増しして支払い，後で水増し分を払い戻しを受ける手口では，預かり人側では水増し分が利益になるので，税金を支払わねばならない。実効税率が40％であり，他に謝礼として10％を預かり人に支払うとすると，100円の裏金を預けるためには，100円の1／0.5倍の200円を預ける必要がある。
　この種の裏金では，預ける側には脱税などで摘発されるリスクがあるし，受け入れる側も脱税幇助などの犯罪になるので，預け金の受け入れ側のなり手を

見つけるのが困難である。また，預け入れる側でも，相手に横領される心配があるし，倒産する危険性もあるので，誰にでも預けられるというものではないので，実行には大きな制約がある。それに，通常では，利益を赤字にしてまで，裏金に換えることはないと考えられるので，財源の面からも制約が生じる。

4　発見方法

　利益を社外に隠す逆粉飾では，収益と資産などがそっくり簿外になるので，財務諸表などには顕著な痕跡が残ることは少ないと考えられる。痕跡を残している場合でも，そこそこの規模の公開会社では，収支のバランスが崩れるほどの多額に上ることは少ないと考えられるので，予備知識や事前情報の少ない外部の分析者による財務分析では，発見が困難と思われる。
　しかし，外部の利害関係者にも，実害を与えるような規模の裏金作りの逆粉飾では，どこかに異常が現れる可能性が大きいと思われるので，分析者は，粉飾のみならず，逆粉飾の存在にも留意して，分析を進める必要があるし，逆粉飾発見法の基本を身に付けておくことが望まれる。
　裏金作り発見の技法とはいっても，ありふれた常識的なものであり，要は，異常点の発見であり，
　① 収益が少なすぎる
　② 費用が多すぎる
　③ ある種の資産回転期間が短すぎるか，短縮傾向が続いている
　④ ある種の負債回転期間が長すぎるか，伸長傾向が続いている
　⑤ 原価構成，費用構成や勘定間のバランスが崩れている
などが主なポイントになるのであり，これらの諸ポイントを注意深く探っていくしかない。
　社内での局地型逆粉飾の調査では，
　⑥ 景気動向などに関係なく，常に同じ程度の利益を出している

1　裏金作りの逆粉飾

なども，重要なチェックポイントになるだろう。

　また，粉飾発見と同じで，質的情報にも留意することも大切であり，政治家に賄賂を支払ったり，得意先や監督官公庁などに過度の接待を行う慣習のある業界や，創業者一族が経営のすべてを牛耳っている会社などについては，裏金作りの脱税などが行われやすい危険会社として，普段から，特に注意する必要がある。場合によっては，逆粉飾の証拠がつかめない場合でも，君子危うきに近寄らずの姿勢をとって，取引はできるだけ敬遠することも必要になるだろう。

　この種の裏金操作が大々的に行われると，社内での風紀が乱れがちになるし，社内でも実態の把握ができなくなる。逆粉飾自体は，金額的に会社を破滅に導くほどのものでなくても，内部統制や規律の乱れが，会社を破滅に導く恐れもあるので，外部の利害関係者も，逆粉飾だから問題はないと，安心しているわけにはいかない。

　このような風潮が，従業員の態度や，取引の端々にも見え隠れするなどで，社外からでも感じられるほどになると，経営上の異常事態に近づいている可能性があり，外部の分析者は，このような危険信号にも敏感でなければならない。

2　脱税目的の逆粉飾

1　脱税と逆粉飾との違い

(1) **脱税を伴わない逆粉飾**

　脱税は多くの場合，利益を隠す逆粉飾を伴うが，脱税と逆粉飾とは必ずしも一致するとは限らない。

　課税をされない利益を隠す逆粉飾では，利益を隠しても脱税にはならない。

　税務上は正しい所得で申告して正しく納税するが，税務目的以外の利害関係者向けには，逆粉飾を施した財務諸表を発表するケースもあるだろう。

　引当金などを過大計上して，利益隠しの逆粉飾を行っているが，税務申告においては，過大引当分の引当金繰入損を自己否認して，正しい金額を納税している手口もある。

(2) **逆粉飾を伴わない脱税**

　交際費や寄付金などは，税務上一定の限度があって，限度を超えた支払いには課税される。この種の課税を免れる脱税では，逆粉飾は伴わず，収益や費用などは適正に計算されているのが普通である。税金を控除しない分だけ当期純利益が水増しになっていて，粉飾のケースになる。

　利益は適正に計算して財務諸表を作成しているが，低い税率を適用したり，課税所得を非課税所得と偽って税額を少なくするなどの脱税もある。

　税引前当期純利益とは無関係に，印紙税，関税や消費税などをごまかす脱税もある。

　これらの場合には，税額と税引前利益とを比べて，税額が多すぎたり，少な

すぎることになる可能性があるが，税額の計算は複雑なので，税額が税引前当期純利益などより大幅に多いからといって，税務上の利益と，公表利益の間に違法な食い違いがあるとは限らないので，この方法は，決定的な確認法にはならないであろう。

　ただ，長期にわたって，常に，実効税率が高すぎる場合には，利益隠しの逆粉飾によることがありうるが，交際費や寄付金などや，使途不明金などが多額に発生するような営業を行っていることも考えられる。この場合には，事業自体の質に問題があるし，不正などが起こりやすい事業が多いことも推定される。実効税率が低すぎる場合には，脱税の疑いが濃くなるが，利益水増しの粉飾によることも考えられる。

2　脱税と逆粉飾が一致する場合

　逆粉飾には，脱税を伴うのが普通であり，脱税のために逆粉飾が行われることが多い。

　逆粉飾と脱税が一致する場合でも，脱税が主目的の場合と，脱税が目的ではないが，逆粉飾の結果，脱税にもなるケースもあるだろうが，脱税が主か，逆粉飾が主かは，外部からでは区別がつかないことが多いし，両者を区別するメリットも少ない。

　以下においては，脱税を伴う場合も，伴わない場合も，脱税が主の場合も，従の場合も区別なく，単に逆粉飾として取り扱う。

3 逆粉飾の手口について

1 収益の一部を隠す逆粉飾

　利益を隠す逆粉飾には，収益や特別利益などを少なく計上して，利益を減らす方法と，原価，費用や特別損失を膨らませて，利益を減らす方法の，2通りがある。違法に収益などの計上を遅らせたり，費用の計上を早めたりして，利益の計上を遅らせ，納税の時期を遅らせるのも，一種の逆粉飾による脱税行為である。

　逆粉飾には，継続的に実行するものと，特定の取引について，スポット的に行うものとがある。

(1) 売上などの一部を計上しない

　店舗において，商品を現金引換えで販売する小売商などで，一部の売上をレジに打ち込まなかったり，レジを使っていない場合には，一部の売上について伝票を発票しなかったり，伝票を破棄するなどの方法で，売上高の一部を隠す手口がある。

　これらの場合には，売上代金として受け取った現金も隠す必要があるし，裏金の保管方法などに問題があるので，事業と家計とが明瞭に分離されていない小規模企業や家族労働中心の企業で行われることが多く，大企業では，大々的に実行するのは困難と思われる。

　特に，経理処理のIT化が進んでいて，物品の移動は，その都度，確実に入力されて，会計処理される場合には，一部の売上高を計上しないことなど，困難なことが多いと考えられる。

3　逆粉飾の手口について

この場合でも，架空の値引きを計上して，売上高を減らす手口もある。工場や倉庫を経由しないで，仕入先から得意先に直送される，仕入商品の販売などで，売上の一部を簿外にすることが可能である。

(2) 期末の事情で急遽逆粉飾をする

期末に，思いがけず売上高が増えた場合などに，売上高の一部を隠すことがある。

この種の逆粉飾では，急いで利益隠しを行うことになるので，操作が雑になって，脱税をも伴う場合には，税務調査などで露見する危険性が高いと思われる。

この逆粉飾では，売上高が予想以上に大幅に増えたのを，増えた分を隠して平均化させるのだから，財務分析での発見は困難なことが多いと思われる。ただし，臨時的で，金額にも限りがあるので，脱税が発覚しても，元々払うべき税金に加算金などを加えて支払うだけであり，社会的に信用が失墜するリスク以外には，会社自体に与えるダメッジが少ないと思われるし，外部の利害関係者には実害が少ないと思われる。

(3) 売上の先送り

(2)の手口で，ある年度の期末に売上高の一部の計上をしないが，翌期に遅れて売上に計上する，売上先送りの粉飾がある。

この粉飾は，発覚しても，ミスによる計上もれであるとか，運送業者からの報告が遅れたなど，言い逃れがしやすいし，次の期には計上するのだから，罪悪感をあまり感じることなく実行されることが推察できる。

それに，特に，訂正の手続きを経ないでも，翌期に遅れて売上に計上することによって，自動的に逆粉飾が解消されるので，比較的手軽に実施できる。

翌期以降にも売上高を計上しない場合には，先送りではなくて，売上隠しの粉飾になる。

商品の需要に季節性が強く，年度末に売上が集中するようなケースでは，売

第2章　逆粉飾の手口と発見法

上高の先送りの操作によって，売上高が期中を通してならされるので，かえって正しくみえる。

(4)　売上以外の収益の隠蔽

継続的に発生する雑収益などの全部または一部を継続的に隠蔽する逆粉飾もある。経常的な収益なら，例年に比べて，あるいは，同業他社などに比べて，収益が目立って少ないとか，理由もないのに減少が続いているなどから，逆粉飾を察知できることもあろうが，金額が小さい場合には，発見が困難と思われる。

通常の事業とは別に，税務署でも気付きにくい特別な収益が定期的にある場合に，秘密の口座に振り込ませるなどして，収益のすべてを隠してしまうような手口もあるだろう。あるいは，現金で受け取る臨時収入を隠すことなどもあると思われる。

遊休不動産を処分したなどの特殊な取引があった場合や，臨時的な謝礼金などが入金した場合などで，スポット的に取引全体を隠したり，一部の利益を隠す逆粉飾もある。

(5)　発見方法と問題点

収益内容のチェック

前述のとおり，逆粉飾の発見法は，粉飾の発見法と同じで，異常点や異常な変動を探ることにある。

収益隠蔽の結果は，当該収益が減少するので，収益の期間比較や，同業他社との比較などにより，収益の異常な減少を調べたり，期ごとに減少するなどの傾向がないか，などを調べて，隠蔽の推定を行う。

ただ，収益が増えすぎたのを，隠蔽で減らす場合には，隠蔽が目立たないので，発見が困難なことが多いし，経済の低成長状態が続いている現代のような時期においては，売上高の停滞や減少は一般的な現象なので，特に発見が困難になることが予想される。

3　逆粉飾の手口について

　収益隠蔽の逆粉飾が継続的に行われている場合には，過去の期間との比較によって，異常な変動をチェックするといった分析手法が使えないので，当該事業に精通していて，景気状況，従業員の数や，店の面積や客の入り具合などから，大よその売上高などを推定できるような同業者などを除いて，外部の利害関係者には，逆粉飾を見破るのは困難であろう。

　レジを通さない逆粉飾などでは，レジの担当者などに協力させる必要があるので，従業員から税務署などに密告される危険性があるし，従業員が勝手に裏金作りを行う恐れもあり，社内の規律の維持が困難になるなど，会社側の問題の方が多いと思われる。

　遊休不動産を売却した場合などで，スポット的に行われる逆粉飾では，固定資産の減少などから，売却の事実を把握して，売却した物件の内容などから，売却金額や売却益の推定をして，逆粉飾の有無を察知することができることもあるだろう。

資産・負債のチェック

　隠した売上高についての回収代金の受け入れのために，前受金や仮受金などの負債を水増しすることが考えられるので，これら負債の異常な増加を調べる必要がある。

　売上とは関係のない未収入金の入金として，売上高もその代金回収もともに隠すなどの方法があると思われるので，売掛金だけでなく，未収入金などが過少になっていないかなどを調べる。この種の逆粉飾を繰り返し実行する場合には，最初は異常というほどではなくても，期間の経過とともに負債が増加を続けたり，未収入金などが減少を続けて，異常が目に付くようになる可能性がある。

　売上高の隠蔽の場合には，売上高と売掛金が同時に隠蔽されて，売掛金などの計上も行われていないのが普通である。この場合には，収益の減少と資産の減少が同時に起こるので，回転期間などには異常が現れないなど，粉飾の場合などによく起こる財務のバランスが崩れることがないので，発見が困難と思われる。

第2章　逆粉飾の手口と発見法

　売上代金の回収をせずに，売上先に預けておくような場合も同様である。あるいは，入金を秘密の口座で受け入れて，簿外にするなどの操作をすると，外部の分析者には，発見は極めて困難なものになる。

　逆粉飾には，粉飾とは逆に，資産の過少表示か，負債の水増しを伴うことが多いので，資産については回転期間の低下を，負債については回転期間の上昇に注意する必要があるのだが，反対の現象が起こることもある。

　一般的にいって，逆粉飾をするのは，業績も財務内容も良好な会社に多い。このような会社では，元々，負債が少ないので，逆粉飾で負債を膨らませても目立たないことがある。

　また，利益とともに現金の収入も多いので，資金繰りに余裕ができるし，現金・預金を潤沢に手許にとどめておくことができる。余剰資金を有価証券や不動産に投資することもできる。

　設備投資を前倒しして実施し，減価償却費を計上して利益を減らし，節税を図ることもある。その結果，資産が膨らんで，逆粉飾による資産の過少表示を隠すことになる可能性がある。

　粉飾による資産の膨張と余裕による資産の膨張，逆粉飾による資産の減少などを正しく見分ける必要がある。

2　原価や経費水増しの逆粉飾

(1) 原価の水増し

　製造原価や売上原価の水増しにより利益を隠す逆粉飾では，商品や原材料などの仕入高や諸経費を過大に計上する方法と，期末在庫を過少に表示する方法が考えられる。

　荷造費や運搬費などの物流コストを水増ししたり，製造経費を水増しする方法もある。販売協力者への謝礼や手数料などを水増ししたり，仕入についてのリベートを隠すことなども考えられる。この場合には，売上代金などの一部を

3 逆粉飾の手口について

隠す場合と同様に，隠し場所やその管理方法などが問題になる。

製造経費の水増しには，減価償却費の過大計上があるが，この場合には将来の減価償却費が減るので，費用の先行計上に過ぎず，将来において逆粉飾が解消する一時的な利益隠しに終わるのが普通である。

臨時社員の給料を水増しするなどの手口もある。

仕入高の水増しの場合には，売上原価率が割高になり，売上総利益率が低く押さえられる。あるいは，製造原価での原材料費率や外注加工費率が実態よりも高くなるし，買掛金などの仕入債務や未払金などの負債が増えることになる。また，水増しを継続的に行うと，買掛金などの水増額が累増し，期間の経過とともに膨張するので，毎期観察を続けることにより発見できる可能性が高くなる。

ただ，仕入先に金額を水増しして支払い，相手先に預けておくような手口では，預け金が簿外になるので，発見が困難である。この場合では，元々，なかったものとして，利益を過少に表示しているのだから，外部の利害関係者にまでは被害が及ばないことが多いと考えられる。

歩留率を低くしたり，減耗率を水増しするなどの手口もあるし，発生する副産物やスクラップの評価を引き下げる利益隠しもある。

いずれも，歩留率や減耗率などの実績値の推移の分析や，同業他社との比較などにより，異常を発見する分析法が考えられる。

(2) 期末在庫の過小評価

売上原価は，

　　期首製商品棚卸高＋当期仕入高－期末製商品棚卸高

により計算されるので，期末在庫の過小評価により，当期の売上原価が水増しになり，売上総利益を隠すことができる。

期末在庫の数量や金額は，期末における実地棚卸でしか確定できないことが多いのだが，棚卸の際の記録を調整するだけで，比較的簡単に操作ができるし，後に証拠などが残らないなど，利益水増しの粉飾に利用されることが多いのだ

が，同じ理由から，逆粉飾にも利用されることがあるだろう。

　期末在庫について，過大な評価損を落として，利益を隠す手口についても，翌期には安い在庫を販売するなどで利益が増えるので，通常は利益先送りの一時的な粉飾に過ぎない。

　期末在庫を過少表示する手法では，前期に在庫を過少計上すると，当期の期首在庫も過少計上されるので，当期末にも過少計上を繰り返す必要性が生じ，期ごとにエスカレートする可能性もあり，毎期繰返すと，期末在庫がマイナスになるなどの矛盾が出てくる可能性もある。このような矛盾を避けるためには，仕入を増やして，実際の在庫を増やす必要があり，繰返すうちには，実際在庫が膨大になる恐れもある。

　合理化時代で，カンバン方式などで在庫削減に各社が骨身を削っているときに，逆粉飾のために，在庫を増やし続けるのは馬鹿げている。公認会計士などの会計監査を受ける場合には，公認会計士などの実地棚卸への立会いに際して，過少表示が露見する恐れがあるので，自社の倉庫に余裕があるのに，外の営業倉庫に預け入れるなどの無駄が必要になったりするので，この種の逆粉飾の実行には限界があることが推察される。

　在庫が少ないのに倉庫費用，保管料などが多いといった矛盾が生じることもある。材料の減耗費との間でも同様である。

　在庫の削減はどの企業でも真剣に取り組んでいる問題であり，在庫は減って当然なので，一般的には在庫の減少から逆粉飾を推定するのは困難と思われる。また，期末在庫を減らす逆粉飾でも，ゼロ以下にはできないので，無制限に利益を隠すことなどはできない。

(3) 減産をして製品単価を上げる

　減産をすると製品単位あたりの固定費の配賦額が増えるので，製品単価が上昇する。この原理を利用して，合法的に利益減らしをすることができる。しかし，実際問題として，逆粉飾が必要なほど利益が上がっているときは，むしろ増産をしないと，注文に応えきれないのが普通だから，わざわざ減産をして，

拡販に水を差すようなことは行われにくいと思われる。

(4) 経費の水増し

製造経費や販売費および一般管理費，あるいは支払利息などの営業外費用を水増しする逆粉飾も多い。

前払費用を費用に計上する費用の先行計上もよく行われるが，前払費用も，時期がくれば自然に費用になって，逆粉飾が解消されるので，累積されてどんどん膨らむなどの危険性が少なく，外部の分析者は費用の先行計上は無視して分析を進めても支障がないことが多いだろう。

架空費用の計上や費用の水増しが行われることが多い。その結果，製造原価中の経費率が上昇したり，販売費および一般管理費が膨らんだりする。

経営者に対する過大報酬や法外な退職金の支払い，在職中にかかわらず退職金を支払う，社長宅でのお手伝いさんの給料や食事の材料費，自宅の家賃や修繕費などを会社の費用で支払うなどで利益を減らすことがよく行われるが，これは利益隠しではなく，利益を文字通り減らすものだから，厳密な意味では逆粉飾とは言えない。

会社の利益を私物化する不適切な処理ではあるが，会社を経営破綻に追い込むようなものでない限り，外部の利害関係者が口出しできる問題でないことが多いと思われる。

経費を水増しすると，利益は実際よりも少なくなるので，業績の実態を示さないことになるが，公表値に基づき評価をしていれば，実際よりも悪く評価することになるので，債権者などの外部の利害関係者は，予想外の損失を被ることはなく，実害がないことが多いと思われる。

費用を余計に支払って利益を減らし，後で，余分に支払った分を取り戻す逆粉飾がある。

債権の貸倒損を過剰に計上したり，貸倒引当金を過剰に積み立てる逆粉飾もある。賞与引当金，修繕引当金や退職給与引当金などを必要以上に積み立てたり，架空の費用のために引当金を利用することもある。

第2章　逆粉飾の手口と発見法

いずれの場合でも，経費が通常よりも多くなったり，急に増加したり，増加が続いている場合などに，経費水増しの逆粉飾が疑われる。経費支払いのための未払金が増えることもあるだろう。

固定資産について過剰な減価償却を実施して，費用を増やす手口もあるが，この手口は将来の減価償却費が減るだけの費用先行計上に過ぎないが，利益が多すぎる時期の利益を減らして，あまり儲からないときの費用を軽くする利益平準化に利用できる。

この逆粉飾では，減価償却費が急増したり，有形固定資産などの残高が低くなるなどに注意すると，逆粉飾を察知できる可能性がある。注記を見て，減価償却の方法の変更がないかに注意することも大切である。

3　特別損益による利益隠し

(1) 新会計制度移行時の利益隠し

政治経済研究所理事長で明治大学名誉教授（いずれも2001年8月当時）の山口孝氏は，労働組合443号「新会計基準による大企業の利益隠しの手法」において，2000年4月1日以降に始まる会計期間から適用が開始された新しい会計制度の発足にあたり，新会計制度による利益隠しに警告を発している[注1]。

具体的には，新退職給付会計と売買目的の有価証券やデリバティブ取引への時価会計の導入による多額の変更時差異の発生や，各種引当金の過大計上を挙げている。

そして，フタをあけてみると，大幅に経常利益を増やした企業では，特別損失による一括処理が目立っており，日立製作所では1999年3月期には，前倒しで，「半導体事業構造改善特別損失」を2,033億円を計上し，2000年および2001年3月期にも，「事業構造改善特別損失」，「厚生年金過去勤務費用償却額」などで多額の特別損失を計上している。

三菱重工でも，2001年3月期において，1,679億円の退職給付に係る会計基

3 逆粉飾の手口について

準変更時差異を特別損失で費用処理している。

トヨタでも会計基準変更時差異2,551億円を計上しているが，これら各社ではいずれも，同時に，土地や有価証券売却益などの特別利益を引当にして，損失を計上していて，益出しと含み損処理が同時に行われている。

しかし，一般的には，変更時差異を大幅に減らしていて，旭化成では変更時差異620億円を355億円の信託設定益でうめきれずに，税引前当期利益を減らす結果になっているし，日通では，税引前当期損益は409億円の赤字になっている。川崎製鉄は，「関係会社株式等評価損」に511億円も計上した結果，税引前当期損益は452億円の赤字に陥ったし，神戸製鋼所，三井建設や清水建設でも多額の評価損を落としている。

金融機関では，不良債権の続発をおそれて，貸倒引当金が税法基準を大幅に超えて計上されている。

また，税法基準を超えて，各種引当金が計上されるようになった背景には，税効果会計の導入により，さまざまな名称の引当金を必要と想定される金額だけ設定できるようになったことを指摘している。

山口氏が指摘した各種の事例は，会社対労働組合との交渉において，昇給や，ボーナスの金額を低く押さえ込む材料に使われることがあり，労働組合にとっては，重大関心事になるが，外部の利害関係者の目から見ると，当然，計上するべき引当金であり，多少，過大に計上されていても，不確定要素の多い引当金のことゆえ，保守的な取り扱いはむしろ歓迎されることが多いと思われる。

(2) ブームから一転大不況に陥った現在での実態

2009年6月4日付の日本経済新聞は「リストラ費用前倒しも」において，特別損失が6年ぶりに高水準になったことを報道している(注2)。

以下に，日本経済新聞の記事を紹介する。

富士通は2009年3月期の最終赤字が，2月時点の予想よりも600億円膨らんで，1,123億円になったのだが，これは大規模集積回路を製造する三重工場の減損損失による。

第2章　逆粉飾の手口と発見法

　日本板硝子は建築・自動車ガラスの需要減を背景に，全グループ人員の15％に相当する約6,700人の削減と減産を柱としたリストラ策を実施しているが，リストラ関連費用として，2009年3月期に約1,900億円を計上したし，2010年3月期にも60億円の特別損失を計上する見通しである。

　ニッポン株式会社が2001年3月期に計上した特別損失は6兆1,122億円にのぼり，前の期の1.6倍に急増し，2003年3月期以来6年ぶりの水準に達した。株式相場などの下落で有価証券評価損が1兆3,553億円と約3.8倍に膨らんだこともあるが，目を引くのが生産設備などの減損損失である。

　生産設備などの減損損失計上が相次ぎ，合計額は1兆4,183億円と前の期比で倍増した。

　M＆Aの増加を反映して，のれんの償却を実施した企業も多く，2009年3月期に1,148億円と，連結決算開始後最大の最終赤字に転落したオリンパスはのれん代を一括償却して762億円を特別損失に計上した。

　そして，2009年3月期にウミを出した効果もあって，ニッポン株式会社の2010年3月期は，最終黒字に転換する見通しである。

　以上，2009年3月期には多くの会社で多額の特別損失を計上しているが，未曾有の経済危機に見舞われている現在のわが国の経済情勢から見て，利益隠しと見られるほどのものはなく，むしろ計上不足が心配される。

　引き続き2010年3月期の決算にも注意する必要がある。

4　引当金による利益隠し

　引当金の過大計上による利益隠しがある。引当金の計上は，費用や損失の計上と同時に行われるものなので，費用や特別損失の過大計上によっても発見ができる可能性があるが，累積的に行われている場合には，引当金で調べる方が効果的である。

　引当金については，企業会計原則注解の注18に，「将来の特定の費用又は損

3 逆粉飾の手口について

失であって、その発生が当期以前の事象に起因し、発生の可能性が高く、かつ、その金額を合理的に見積ることができる場合には、当期の負担に属する金額を当期の費用又は損失として引当金に繰入れ、当該引当金の残高を貸借対照表の負債の部又は資産の部に記載するものとする」と規定されている。

税法では、別に、引当金の限度を定めていて、一般には、税務上の規定に従って、引当金の計上が行われる。そこで、引当金は、税務上の限度と比べて、限度一杯に計上しているかどうかを調べる。

ただ、税務の規定は画一的に決めているので、実情に合わないことがある。したがって、会計上必要な金額であっても、限度を超えることがある。この場合でも、税務上の限度に関係なく、必要額を計上しなければならない。したがって、税務上の限度一杯に計上しているからといって、必要な金額を全額計上しているとは限らない。

反対に、税法の規定に従うと、引当て過剰になる場合もある。企業では、節税のため、税務上の限度額までは引当金を計上することが多い。この場合には、必要額以上の引当金の計上は、利益隠しの逆粉飾になる。

外部の分析者には、実際に計上しなければならない引当金の金額など分からないのが普通なので、税務上の限度額に収まっていれば、適切に引当金を計上していると判断することになる。

税務上の限度額が、実際に必要な金額を超える場合でも、それほど多額には認められるものではないので、極端な過大計上は行われることが少ないと考えられる。

それに、極端な過大引当てをするのは、例えば貸倒引当金の場合、焦げ付きが多発していることを示すものでもあるし、修繕引当金が多いのは、故障が多発していて、品質に欠陥があることを示す可能性があるなどで、会社側でもそれほど過大な引当ては実施しにくいと思われる。

また、税法でも認められていないわけの分からない引当金を計上するのも、得体の知れない損失の発生するリスクのある企業であることを勘ぐられる可能性があるので、逆粉飾の手段として利用されることは少ないと思われる。

引当金を利用して，利益隠しをしている疑いが濃厚な場合でも，引当金による利益隠しは，引当金額が最大値であり，貸借対照表に明示されるので，疑わしい金額はすべて利益隠しとみても，それほど大きな失敗に結びつくことはないと考えられる。

同業他社と比べて，あるいは，分析対象会社の事業の内容やリスクの程度などから見て，引当金などが特に多い場合や，特殊な引当金が多い場合には，逆粉飾を疑ってみる必要がある。

5 関係会社を利用した逆粉飾

(1) のれんの一括償却

関係会社を利用して利益を隠す方法には，子会社についての"のれん"を一時償却するなどの手口があるが，この方法は，将来の費用を先行計上するものであり，一時的なものである。

(2) 連結はずし

利益を隠すための場所として子会社などを利用する場合，利益を子会社に移すとともに，子会社を連結対象からはずす連結はずしの操作が行われるのが普通である。

株式を過半数所有するなどで，相手を支配している場合には，子会社として連結決算を行って，連結財務諸表を公開する必要があるので，子会社に利益を隠しても，連結財務諸表では利益を隠したことにはならないからである。したがって，株式を経営者の家族や従業員などに持たせるなどして，親会社の持株比率を減らすなどの操作が行われる。

持株比率が低くても，過半数の取締役を派遣して実質的に支配している場合でも，連結対象にする必要があるのだが，実質的に相手を支配していることをも隠して，連結対象に含めない方法で連結はずしをするのである。

3 逆粉飾の手口について

ただし，連結財務諸表の公開が必要なのは，上場会社など一部の会社に限られるので，連結の必要のない通常の企業では，連結のことを心配することなく，子会社に利益を隠すことができる。

(3) 子会社に利益を隠す場合

子会社に利益を隠す方法としては，子会社の経費を親会社で負担したり，売上に子会社を介入させたり，外注工事などを子会社経由で発注するなどして，子会社に利益を落とす手口などが考えられる。

6 関係会社を利用した逆粉飾の問題点

関係会社を利用した逆粉飾では，各種のケースごとに，次のような問題点のあることが指摘できる。

(1) 親会社で利益を預かる場合

子会社の利益を，親会社に預けて，子会社の利益を隠すケースがあるが，この場合には，最終的には親会社に召し上げられる危険性もある。利益は子会社で計上しても親会社で計上しても大きな違いがないのだが，親会社が将来子会社を見捨てて切り捨てることもあるので，必ずしも同じではない。

親会社が分析対象の場合には，連結財務諸表のほかに，親会社単独の財務諸表も公表される。したがって，分析には，連結と親会社単独の両方の財務諸表が入手できる。

(2) 連結決算書の問題点

最近は親会社の事業を子会社に移して，親会社の事業を空洞化させ，親会社をホールディング会社にすることが多い。この場合，親会社の単独財務諸表も空洞化していて，大した情報を含んでいないので，グループの連結財務諸表か

第2章 逆粉飾の手口と発見法

らしか情報が入手できないことが多い。

この場合でも，グループの損失やリスクは，最終的にはグループで持つことになるのが普通なので，親会社の単独の財務諸表が入手できなくても評価に支障がないのが普通である。

子会社が分析の対象の場合，子会社では財務諸表を外部には公表しておらず，連結財務諸表しか入手できないことがある。この場合，連結財務諸表の内容がいくらよくても，親会社から見捨てられると，連結上のメリットを受けることがないので，親会社の保証などを入手している場合を除いて，連結財務諸表だけで子会社を評価するのは危険である。

また，子会社の財務諸表が入手できても，連結財務諸表に比べて信頼性が劣るのが普通である。連結財務諸表には公認会計士などの監査報告書が添付されていて，一応は信頼できる。子会社でも公認会計士の監査を受けるが，親会社の監査ほどには厳格には実施されないのが普通だし，子会社では，連結用とは別に，粉飾や逆粉飾をした財務諸表を外部に公表している可能性もある。

したがって，親会社が100％近い株式を保有していて，グループでの重要な業務を担当しているなどで，親会社が切り捨てにできないような場合を除いて，親会社があるからといって安心はせずに，親会社などない通常の企業として評価するべきである。

4 その他の逆粉飾

1 継続性違反の逆粉飾

　企業会計の基本的な原則の一つに継続性の原則がある。会計処理の原則または手続きにいくつかの選択適用が認められている場合に，どの原則や手続きを選ぶかによって，その時々の利益などが違ってくる可能性があるが，同じ原則や手続きを継続的に適用することによって，相対的な真実性が守られるとするもので，企業会計原則では，一般原則の5に，「企業会計は，その処理の原則及び手続を毎期継続して適用し，みだりにこれを変更してはならない」と規定している。

　みだりに変更されると，期間利益の比較性が保障されなくなり，利害関係者の判断を誤らせるおそれがある。

　例えば，これまでは，減価償却費の計算に定額法を採用していたが，利益が増えたので，合理的な理由もないのに，定率法に変更して費用を増やし，利益の圧縮をする，などのケースが継続性原則の違反による逆粉飾に該当する。この趣旨からは，第1章で紹介した楽天がのれんの償却を，全額一時償却に切り替えたのは，逆粉飾になる。

2 国外取引や外国の子会社などを利用した逆粉飾

　西松建設では外国での取引を利用して裏金を捻出し，外国の子会社に隠していた。このように，外国との取引や外国の子会社などが，逆粉飾に利用される

第2章　逆粉飾の手口と発見法

ことが多いのだが，外国との取引などは，外部の利害関係者には，実態が分からないのが普通なので，通常の国内取引と同様の取り扱いをするしかないと思われる。

ただし，外国との取引が多い企業や，外国に子会社がある場合などには，利益隠しなどが行われていることを疑ってみる必要がある。

5 まとめ

1 質的情報の重要さ

(1) 質的情報のチェック

　逆粉飾については，外部の利害関係者は，財務分析で発見することが困難な場合が多いと思われるが，同業者などの関係者の間での噂，経営者の性格や日ごろの言動などから推察できることもある。自社と相手方との取引を通じて，逆粉飾を疑わせるような動きを掴むこともある。あるいは，得体の知れない関係会社の存在などからも，逆粉飾についてある程度のことは推察できることもあるだろう。

　脱税が行われやすく，脱税でたびたび新聞を賑わす業界に属する企業について，普段から注意をしておく必要があるし，創業者一族が経営を牛耳っている場合や，長年，ワンマンで鳴らしている経営者などが経営を一手に握っている会社では，会社の利益やおカネを私物化するために，逆粉飾で利益を隠すことが行われやすいので，逆粉飾の存在にも注意をする必要があるだろう。

(2) 逆粉飾チェックにおける基本的姿勢

　逆粉飾の疑いのある企業についても，外部の分析者は，公表数値により通常の分析を行い，逆粉飾された財務情報の通りに相手を評価していても，特に支障が生じることが少ないのが普通である。この場合には，逆粉飾により，業績を実際以下に悪く見せているので，粉飾により騙される場合に比べて，実害が少ないと考えられるからである。

　隠した金銭が，裏金のまま未使用で残っている場合には，たとえ逆粉飾が露

見して，重加算税などを含めて課税されたとしても，裏金がなくなるだけで，決定的なダメッジにはならないことが多いと思われる。

これらの場合，含み益の存在などに関係なく，公表決算書通りに評価して，与信限度等を設定していると，脱税が露見するなどの事故があっても，特に，慌てることにはならないだろう。

2 逆粉飾から粉飾への転換に注意

逆粉飾も財務情報を歪めて発表するものであり，利害関係者を欺くものではあるが，外部の利害関係者は，表立って逆粉飾を追及したり，非難することはしないのが普通である。

経営者が会社を私物化して，食い物にしていても，外部の利害関係者は取引を中止することもできるので，会社を破滅に追い込むような悪質なものでない限り，経営者の権限に属する内部事項として目を瞑るしかないことが多いだろう。

利害関係者としては，公表された財務諸表などのままに評価するしかないのであるが，その代わり，逆粉飾の存在が推察されても，含み益などは斟酌せずに公表値のまま評価をしていれば，大きな損失を被ることがないと思われる。

逆粉飾については，逆粉飾自体よりも，逆粉飾から粉飾に変わる危険性に注意して，相手を観察する必要がある。利益隠しが疑われるような会社については，財務内容が優良な会社との先入観があるので，逆粉飾から粉飾に変わっていても，先入観から抜けにくいものであり，転換点をできるだけ早く知ることが大切である。そのためには，粉飾についての，一般的な分析法を適用することが必要だが，環境の変化などの状況変化にも注意を払う必要がある。

業界での経営環境が悪化した場合には，逆粉飾が粉飾に変わる恐れがあることを念頭に分析を進めるべきだし，同業他社が軒並みに赤字に転落しているのに，当社だけが黒字を続けている場合などには，いよいよその疑いが濃厚と見

5 まとめ

て，厳しい分析を行うなどである。

不動産や投資有価証券を売却して，売却益を出し始めたとか，引当金の取り崩しが始まったなども，逆粉飾の段階が終わって，粉飾に転換する予兆である可能性がある。

株価が下がって，ＰＢＲが１を割り込んで，なおも下げが止まらないのも，逆粉飾が始まっている兆候とみることもできよう。

粉飾に転化する兆候が見えた時点で，粉飾分析に切り替える必要がある。逆粉飾と粉飾で，発見手法に違いがあるとは限らないが，少なくとも，心構えは，粉飾に対する警戒から逆粉飾に対する警戒に切り替える必要があろう。

粉飾から逆粉飾への移行の兆候を掴むためには，粉飾と逆粉飾の財務上の特徴などを念頭に置いた上で，対象先の財務を分析することが求められる。

財務諸表の動きと，日ごろ相手先を観察していて描いているイメージとの間に違和感があるなどの，感覚的な判断も，逆粉飾を見抜くのに効果がある。また，相手の従業員などの発言や愚痴なども，ヒントになることがある。

粉飾および逆粉飾の財務上の特徴の主なものを以下にあげる。

(1) 逆粉飾のパターン
- 売上高や利益率などが同業他社などと比べ少なすぎたり低すぎる
- 経費などが多すぎる
- 利益に比べ税金が多すぎる
- 決算書では在庫が少ないのに，倉庫は在庫で溢れている
- 内容の分からない子会社がある
- 過去に脱税で引っかかったことがある
- 過去に利益隠しの協力などを要請されたことがある
- 創業者一族の経営者によるワンマン経営が続いている
- 経営者に多額の報酬や退職金を払っている
- 売掛金や棚卸資産などが少なすぎる
- 買掛金，未払金，借受金，前受金などの負債が多く，増加傾向が続いている

第2章　逆粉飾の手口と発見法

- 利益に比べ営業キャッシュ・フローのプラスが多すぎる
- 日頃の観察では儲かっているように見えるのに，決算結果があまりよくない
- 政治家との不明朗な関係が噂されている
- 特定の官公庁の入札に特に強い
- 利益隠しの噂が流れている
- 従業員が経営者の会社私物化を嘆いている

(2)　粉飾のパターン

- 売上高や利益率などが同業他社と違った動きをしている
- いつも極めて低い利益率の利益しか上げていないのに，それでいて赤字にならない
- その他営業外収益や特別利益が多すぎる
- 多額の借入金があるのに，多額の現金預金を手持ちしている
- 売上債権や棚卸資産回転期間が長すぎるか，上昇傾向が続いている
- 3要素総合回転期間(注3)が長すぎるか，上昇傾向が続いている
- 仮払金，未集金，前払費用，短期貸付金など，その他の流動負債が多いか，増加傾向にある
- 長期貸付金が多いか，金額が固定していたり，増加を続けている
- 規模に比べ投資有価証券や出資金などが多いか，増加を続けている
- 総資産回転期間が高すぎるか，上昇を続けている
- 仕入債務回転期間が短すぎるか短縮を続けている
- 借入金依存度が上昇を続けている
- 業績の悪い子会社などを抱えている
- 自己資本比率が低く，低下傾向が続いている
- 基礎資金回転期間が上昇したか，上昇を続けている(注4)
- 営業キャッシュ・フローが利益より大幅に少ないか，マイナスになる
- 支払いが遅れがちである
- 利益に比べて税金が少なすぎる

6　ケーススタディ

1　K社のケース

　ケーススタディでは，典型的な逆粉飾を想像してモデルを作り上げ，仮想モデルについて検討する。

　表1は，架空会社K社の仮想例であり，2003年3月期から2008年3月期までの6年間の要約損益計算書と要約貸借対照表を期間順に並べたものである。

2　損益計算書の調査

　損益面では，2007年3月期までは，売上高は増加を続けているが，2008年になって減少に転じている。

　2005年3月期までは売上高は増加傾向にあるのに，売上総利益は減少を続けている。その結果，売上総利益率は年ごとに低下が続いている。経常利益と当期純利益も年ごとに減少を続け，2008年3月期には当期純利益は僅か6百万円になっている。

3　貸借対照表の調査

　貸借対照表では，2005年3月期までは，売上債権，棚卸資産や固定資産などの回転期間は安定的であり，総資産回転期間も10.2か月から10.4か月の間で変

(1) 総資産回転期間

2006年3月期以降は売上債権を中心に回転期間が上昇を続けており、総資産回転期間は3年間で1.2か月間上昇している。

この期間においては、売上債権および3要素総合回転期間[注3]の上昇が著しいし、その他の流動資産も増加を続けていて、粉飾の疑いが濃厚である。

(2) 借入金・基礎資金回転期間

負債側から見ると、2005年3月期までは借入金残高は減少を続けているし、回転期間も大幅に低下している。借入金は2006年3月期からは増加に転じ、回転期間は大幅な増加になっている。基礎資金回転期間[注4]も同様の動きをしている。

以上を総合すると、05年3月期までは、何とか増収を続けているが、粗利益率の低下により、利益は減少を続けていて、収益性が年度ごとに低下していることが推定される。

4 逆粉飾から粉飾への転換

(1) 逆粉飾時代

2005年3月期を境に、逆粉飾が粉飾に転じた可能性がある。

一般の企業では、売上高が増加すると運転資金が増加する結果、資金不足が生じるのが普通である。それが、2005年3月期までは、借入金が減少を続けていることや、売上が増えているのに、利益の減少が続いていることから、2005年3月期までは利益隠しの逆粉飾が進行していた疑いが持たれる。

(2) 粉飾への転換点

2006年以降は、売上高も売上総利益率もともに低下傾向にあり、そのために

売上総利益をはじめ，経常・当期純利益は年ごとに大幅に減少しているので，収益力が低下を続けていることが推察される。それでも，2008年3月期までは当期純利益でも黒字を維持しているが，極めて低い利益率の状態が続いていることから，粉飾の疑いも持たれる。

　売上高も2007年3月期までは上昇が続いているが，伸び率が僅かだし，利益の減少が続いていることから，2006年3月期以降は，粉飾により売上高を水増ししした疑いも持たれる。

　売上債権回転期間が，2006年3月期以降は上昇を続けているし，借入金依存度も増え続けていることからも，この期間あたりから粉飾が始まったことが推察される。

(3) 粉飾額の推定

　売上債権回転期間が2008年3月期には2005年3月期に比べ1か月近く伸びているし，棚卸資産やその他の流動資産の回転期間も上昇傾向にあって，これらを合計すると2か月程度になる。

　2007年および2008年3月期に借入金が大幅に増えて，この2年で基礎資金回転期間が2005年3月期に比べて2か月も増えている。

　K社について，2008年3月期末には，2か月分程度の含み損が隠されているとすると，2008年3月期の月商高の68百万円の2倍程度の136百万円前後の粉飾の累積されている可能性がある。3要素総合回転期間からも同様のことが読み取れる。

　したがって，この期間では，当期純利益の黒字を維持しているが，実際には大幅赤字になっていた可能性も考えられる。また，逆粉飾時代の含み益を食いつぶして，純資産が水増しになっている可能性もある。

　2005年3月期までは，売上高と売上総利益の隠蔽と引当金の積み増しなどで，利益を減らしたことが推察されるし，2006年3月期以降は，売上高と売上総利益の水増しや引当金の取り崩しで利益を水増ししたことが推察される。その他の流動資産が増加を続けていることから雑収益などの水増しがあったことも窺

第2章 逆粉飾の手口と発見法

える。

2008年3月期末において，純資産が136百万円ほど水増しされていたとすると，この時期における本当の自己資本比率は21.6％程度になり，標準値を割り込んで低下したことになる。

2009年3月期にも赤字が続くとすると，自己資本比率は危険水準にまで低下し，この年度の損失の大きさ次第では，債務超過に近い状態になる。もし，この推定が正しいとすると，資金繰りが破綻して，経営破綻に追い込まれる危険性もある。

このようになってからでは，手遅れになる恐れもあるので，当社に原材料などを販売している納入業者は，2008年3月期の決算書を見た段階で，A社に対する与信方針を転換して，警戒態勢をとる必要があると考えられる。

2005年3月期までは，逆粉飾が行われていた可能性が高いのだが，その場合，隠した利益を外部に流出させているか，内部で勘定科目などを変えて隠しているかまではわからないが，外部に隠している場合には，粉飾に転化した後には，どのように逆流しているかにも注意する必要がある。その結果によっては，上記の粉飾推定金額はさらに増える可能性がある。

K社のケースでは，業績は順調に推移しているように見えるが，2006年3月期以降の3要素総合回転期間や基礎資金回転期間が上昇に転じたことから，逆粉飾から粉飾に移行したことを推察すべきである。

その上，基礎資金回転期間の上昇スピードが異常に速いことから，急激に業績の悪化していることを見抜く必要がある。そうすれば，2009年3月期には，さらに，業績，財政状態ともに悪化して，一気に経営破綻に至る危険性もあるとの結論が出せるのである。

K社は優良会社であるとの先入観から抜け出せないでいると，異変には気付かずに，回転期間の異常な上昇も偶発的なものと見て，見逃してしまう可能性がある。2007年3月期だけのことなら，偶発性の異常と見て，もう1年様子を見ようということになるが，2年も異常が続いたことで，厳しい見方に切り替えなければならないのである。

6 ケーススタディ

表1 K社6期間要約損益計算書，貸借対照表

(単位：百万円)

	03／3	04／3	05／3	06／3	07／3	08／3
損益計算書						
売　　上　　高	812	821	835	832	837	820
売　上　総　利　益	135	130	120	103	99	86
販売及び一般管理費	70	74	77	78	75	70
営　業　利　益	65	56	43	25	24	16
経　常　利　益	58	48	34	18	16	10
当　期　純　利　益	30	25	18	10	9	6
貸借対照表						
現　金　預　金	97	74	80	75	73	75
売　上　債　権	231	235	228	243	263	280
棚　卸　資　産	106	114	126	130	132	136
その他流動資産	24	30	45	47	58	59
流　動　資　産　計	458	453	479	495	526	550
有　形　固　定　資　産	140	137	133	139	135	136
無　形　固　定　資　産	5	5	8	7	7	9
投　資　そ　の　他	98	100	106	110	113	115
固　定　資　産　計	243	242	247	256	255	260
資　産　合　計	701	695	726	751	781	810
仕　入　債　務	156	160	179	170	162	153
短　期　借　入　金	84	70	66	88	129	168
諸　引　当　金	44	48	57	52	46	40
その他流動負債	35	40	51	56	45	39
流　動　負　債　計	319	318	353	366	382	400
長　期　借　入　金	78	65	51	58	59	66
その他固定負債	28	22	24	25	32	33
固　定　負　債　計	106	87	75	83	91	99
負　債　合　計	425	405	428	448	473	499
純　資　産	276	290	298	303	308	311
負債・純資産合	701	695	726	751	781	810
追加情報						
借　入　金　合　計	162	135	117	146	188	234
基　礎　資　金	438	425	415	449	496	545
3 要素総合残高	181	189	175	203	233	263
財務諸比率						
売上総利益率（％）	16.6	15.8	14.4	12.4	11.8	10.5
総資産経常利益率（％）	8.3	6.9	4.7	2.4	2.0	1.2

第2章　逆粉飾の手口と発見法

現金預金回転期間(月)	1.4	1.1	1.1	1.1	1.0	1.1
売上債権回転期間(月)	3.4	3.4	3.3	3.5	3.8	4.1
棚卸資産回転期間(月)	1.6	1.7	1.8	1.9	1.9	2.0
その他流動資産回転期間(月)	0.4	0.4	0.6	0.7	0.8	0.9
流動資産回転期間(月)	6.8	6.6	6.9	7.1	7.5	8.0
固定資産回転期間(月)	3.6	3.5	3.5	3.7	3.7	3.8
3要素総合回転期間(月)	2.7	2.8	2.5	2.9	3.3	3.8
総資産回転期間(月)	10.4	10.2	10.4	10.8	11.2	11.9
仕入債務回転期間(月)	2.3	2.3	2.6	2.5	2.3	2.2
借入金依存度(％)	23.1	19.4	16.7	19.4	24.1	28.9
負債回転期間(月)	6.3	5.9	6.2	6.5	6.8	7.3
自己資本比率(％)	39.4	41.7	41.0	40.3	39.4	38.4
基礎資金回転期間(月)	6.5	6.2	6.0	6.5	7.1	8.0

(注1)　月刊誌「労働組合」2001年8月号（443号）
(注2)　2009年6月4日付日本経済新聞「ニッポン株式会社」前3月期決算から
(注3)　3要素総合残高，3要素総合回転期間
　　　売上債権，棚卸資産，仕入債務を3要素と呼ぶことにし，
　　　　売上債権残高＋棚卸資産残高－仕入債務残高
を3要素総合残高と呼び，3要素総合残高を売上高で割って計算される回転期間を3要素総合回転期間と呼ぶことにする。
　　　3要素は売買取引に直接関係した科目であり，3要素総合残高は，売買取引に直接必要な運転資金の残高を意味する。
　　　例えば，売上債権の回転期間が3か月，棚卸資産回転期間が2か月，仕入債務回転期間が2.5か月とすると，
　　　　売上債権回転期間（3か月）＋棚卸資産回転期間（2か月）
　　　　　　－仕入債務回転期間(2.5か月)＝3要素総合回転期間(2.5か月)
であり，売上には売上高の2.5か月分の資金が必要であることを意味する。
　　　3要素のほかに，例えば，一定金額の前受金の収入が毎期ほぼ規則的にある場合には，前受金を3要素に加えて4要素などにすることがある。
　　　粉飾には，3要素が利用されることが多いし，意図的な粉飾ではなくても，例えば売上債権が貸倒れになったり，棚卸資産が不良在庫になっているのに，貸倒処理などをせずに，健全資産に含めている場合などには，売上債権や棚卸資産の残高が膨らむし，回転期間が上昇する。あるいは，仕入債務の一部を隠す粉飾の場合には，仕入債務残高や回転期間が過少になる。
　　　3要素は，資産項目も負債項目も増加はプラスで，減少はマイナスで記載されるのだが，総合計算では，資産項目は加算され，負債項目は減算される。逆粉飾が行われると，売上債権や棚卸資産の回転期間が低下するか，仕入債務回転期間が上昇することが多いので，3要素のどの科目で逆粉飾を行っても，3要素総合

回転期間が上昇する。3要素のそれぞれで実行されている場合には，それぞれの逆粉飾が加算されて，大きな数字になるので，発見が容易になる。

3要素総合回転期間は，売上や仕入の取引条件によって違ってくるし，在庫の販売状況によっても違ってくる。販売促進のために在庫を増やすなどの販売政策の違いなどによっても違ってくる。また，取引ごとに取引条件が同じであるとは限らないので，3要素総合回転期間もその時々によって違ってくるのが一般的である。しかし，取引条件などには一定の規則的な傾向のようなものがあり，通常の企業では，大数の法則が作用して，一定の範囲内でばらつくのが普通である。

それが，粉飾や資産の不良化などの異常要素が加わった場合には，ばらつきの範囲を超えて，膨れ上がったり，短縮したりするので，異常な増減をとらえることにより，粉飾や逆粉飾の発見ができることがある。

とはいっても，3要素総合回転期間は，常に一定の範囲内でばらつくとは限らず，異常な要因がなくても，偶発的な要因で，通常のばらつきの範囲を超えて増減することがある。この場合でも，偶発的な増減は，次の年度には解消されるのが普通なので，時間を掛けて，継続的に回転期間を観察することによって，偶発的な増減と粉飾などによる増減とは見分けることができる可能性が高い。

また，偶発的な増減は3要素に総合することによって中和されて，表面化しないことが多い。

例えば，年度末に売上が増えた場合には，売上債権がその分だけ増えるが，売上高は年間を通じて平均されるので，年度末の増加の影響が過少に働くので，年次売上高で計算した回転期間は，過大に計算される。売上高が増加すると，仕入高が増加して仕入債務が増えるか，棚卸資産が減少する現象が同時に起こって，3要素総合回転期間では，相互に相殺されて，正常な数値になることが多いなどである。

このように，個々の科目に施された粉飾などの異常な増減は，3要素では加算されて大きな数値になるが，正常な偶発的な増減は，中和されて，異常としては現れないといった利点が3要素を総合することによって得られる可能性が高いので，粉飾や逆粉飾の発見には威力を発揮することが期待される。

(注4) 基礎資金

借入金と純資産の合計を，本書では基礎資金と呼んで，基礎資金回転期間を粉飾や逆粉飾の発見に利用している。

借入金は，売上高の増減による運転資金の増減によっても増減する可能性があるが，この場合には，売上高の増減に従って仕入債務も増減するので，借入金の増減額はそれほど大きくはならない。それに，回転期間計算において分母になる売上高も，借入金と同じ方向に増減するので，借入金の回転期間はそれほどは上昇しないことが多いし，場合によっては低下することもある。

借入金回転期間が増減するのは，損失が発生して，損失資金を借入金で調達した場合である。他にも，設備投資資金などを借入金で調達した場合には借入金が大きく膨らむし，遊休資産を売却した場合には減少することがある。

第2章 逆粉飾の手口と発見法

したがって，設備投資のための借入金の増減を，貸借対照表の有形固定資産の増加状況などから推定して，借入金の増減額から控除すると，借入金回転期間の増減は，主に損失や利益の発生によるものであることが多い。

損失発生により流出した資金の調達は，増資などによる純資産の増加によっても賄われる。そこで，借入金と純資産の合計を基礎資金として，基礎資金回転期間により，損失や多額の利益の発生状況を知ることができる可能性がある。

毎年の損益が発生期に正しく処理されている場合には，純損益額だけ純資産が増減する。したがって，損失資金の補填や利益による返済により，借入金などが増減しても，基礎資金全体としては増減がない。ところが，粉飾や逆粉飾により，損失や利益を隠した場合には，調達額だけが増加したり，借入金の返済額だけが基礎資金が増減することになるので，基礎資金回転期間の増減となって現れる可能性が高い。これが，基礎資金回転期間が粉飾や逆粉飾に利用できる根拠である。

第3章
含み益経営と逆粉飾

1. はじめに
2. トスコ株式会社
3. 株式会社アーバンコーポレイション
4. トヨタ自動車株式会社

1 はじめに

1 含み益にあぐらをかいた含み益経営

　第3章では，まず，含み益を隠しておいて，業績悪化時には含み益を吐き出して，業績をよく見せる利益平準化のケースを取り上げる。含み益を隠すとはいっても，非合法な逆粉飾によるものは，手口や実態などが公表されることはほとんどないので，ここでは，情報入手上の制約から，合法的に含み益を作り出して，それを活用するいわゆる含み益経営のケースを取り上げる。

　合法的なケースでも，結果的には，非合法な逆粉飾との共通点が多いので，参考にはなると考える。

　合法的な含み益経営には，既に所有している資産に自然発生的に含み益ができるものと，含み益を創造するために，含み益ができやすい資産や投資に資金を投下して，合法的な処理により積極的に含み益を増やした上で，含み益を利用するケースがある。

　ここでは，まず，古くから所有している土地等が値上がりして，多額の含み益が蓄積されていたのを，業績不振の期間が長く続いたために，含み益を吐き出し続けることで長期間生き延びたのだが，結局，含み益が尽き，力尽きて，平成20年5月に会社更生法を申請して倒産した，麻糸紡績業の株式会社トスコのケースを取り上げる。

　このケースは，既に所有している資産に，自然発生的に含み益ができたケースである。

第3章　含み益経営と逆粉飾

2　バブルに便乗して含み益を創出する経営

　次に，価値の低い不動産を再開発して流動化させ，付加価値を生み出して，高収益を上げていたが，バブルの崩壊とともに倒産したアーバンコーポレイションのケースを取り上げる。
　このケースは，合法的，かつ積極的に含み益を増やしたケースであり，当社では流動化による付加価値の創設により，棚卸資産に膨大な含み益をためていたのだが，バブル崩壊に伴い，棚卸資産の含み益が，たちまち膨大な含み損に変化した結果，黒字のままに倒産した。バブルによる含み益は，事情が変われば，たちまち含み損に変わるほかない危険なものであることを，実例で示したものである。

3　設備投資と含み益

　さらに，1兆円を超える当期純利益を継続して計上して，世界中から賞賛を浴びたのだが，経済情勢の変化により，一転して膨大な赤字に陥ったトヨタ自動車のケースを取り上げる。トヨタでは，研究開発や設備投資への膨大な投資を続けていて，固定資産に多額の含み益が創設されている可能性がある。そこで，設備投資と含み益の関係を究明してみたい。

2　トスコ株式会社

1　トスコの業績推移と倒産

　トスコ株式会社は，1918年3月設立の麻糸紡績業者であり，環境事業を兼業している。1961年以来東京，大阪証券取引所の第2部に上場していた。

　表2は，トスコ株式会社の1988年3月期から，倒産直前期の2008年3月期までの21年間の，連結ベースの主要業績・財務数値の推移表である。

　表2の売上総利益の下段には売上高売上総利益率を，各資産・負債の下段には月単位の回転期間を記載してある。総資産には回転期間のほかに，自己資本比率も記載してある。

第3章　含み益経営と逆粉飾

表2　トスコ株式会社

	88/3	89/3	90/3	91/3	92/3	93/3	94/3	95/3	96/3
売　　上　　高	27,418	24,380	20,570	20,957	19,138	16,389	16,133	16,493	15,628
売 上 総 利 益	4,407	3,343	2,033	834	1,520	413	426	385	811
（利　益　率）	16.07	13.71	9.88	3.98	7.94	2.52	2.64	2.33	5.19
販 売 管 理 費	2,665	2,517	2,364	2,451	2,539	2,462	2,333	2,401	2,339
経 　常 　利 　益	1,698	860	−204	−2,767	−2,144	−2,922	−2,612	−2,430	−1,878
当 期 純 利 益	499	105	19	−1,555	−1,166	−1,885	485	142	−1,738
現 　金 　預 　金	2,537	2,512	2,079	1,456	1,549	1,313	1,222	844	530
（回転期間、月）	1.11	1.24	1.21	0.83	0.97	0.96	0.91	0.61	0.41
売 　上 　債 　権	5,827	6,414	5,465	4,684	3,850	4,366	2,614	2,932	2,981
（回転期間、月）	2.55	3.16	3.19	2.68	2.41	3.20	1.94	2.13	2.29
棚 　卸 　資 　産	8,433	9,395	9,935	8,888	9,935	8,277	7,619	6,345	6,175
（回転期間、月）	3.69	4.62	5.80	5.09	6.23	6.06	5.67	4.62	4.74
有 　価 　証 　券		853	1,240	1,808	1,795	1,285	1,060	994	930	919
流 動 資 産 計	17,907	19,801	20,470	17,032	16,168	15,282	12,695	11,216	10,814
（回転期間、月）	7.84	9.75	11.94	9.75	10.14	11.19	9.44	8.16	8.30
有無形固定資産	5,033	5,895	7,902	6,578	5,953	5,556	4,961	4,589	4,258
（回転期間、月）	2.20	2.90	4.61	3.77	3.73	4.07	3.69	3.34	3.27
投 　資 　等	2,758	2,026	1,896	3,985	4,071	5,144	5,162	5,542	5,883
（回転期間、月）	1.21	1.00	1.11	2.28	2.55	3.77	3.84	4.03	4.52
資 　産 　計	26,102	28,199	30,641	27,595	26,192	25,982	22,817	21,348	20,956
（回転期間、月）	11.42	13.88	17.88	15.80	16.42	19.02	16.97	15.53	16.09
仕 　入 　債 　務	4,623	3,603	3,971	4,317	3,922	2,875	2,090	3,023	3,115
（回転期間、月）	2.02	1.77	2.32	2.47	2.46	2.11	1.55	2.20	2.39
借 　入 　金	10,910	14,196	13,742	13,105	13,337	16,216	11,833	10,941	12,320
（回転期間、月）	4.77	6.99	8.02	7.50	8.36	11.87	8.80	7.96	9.46
純 　資 　産	7,215	7,096	7,009	5,693	4,527	2,641	3,127	3,277	1,538
（回転期間、月）	3.16	3.49	4.09	3.26	2.84	1.93	2.33	2.38	1.18
（自己資本比率）	27.64	25.16	22.87	20.63	17.28	10.16	13.70	15.35	7.34
基 　礎 　資 　金	18,125	21,292	20,751	18,798	17,864	18,857	14,960	14,218	13,858
（回転期間、月）	7.93	10.48	12.11	10.76	11.20	13.81	11.13	10.34	10.64
3 要 素 総 合	9,637	12,206	11,429	9,255	9,863	9,768	8,143	6,254	6,041
（回転期間、月）	4.22	6.01	6.67	5.30	6.18	7.15	6.06	4.55	4.64

2 トスコ株式会社

主要財務数値推移表

(単位:金額:百万円, 回転期間:月)

97/3	98/3	99/3	00/3	01/3	02/3	03/3	04/3	05/3	06/3	07/3	08/3
16,935	15,397	13,196	13,426	11,606	12,344	10,620	10,542	10,315	8,738	8,049	6,929
880	1,504	1,344	1,506	1,543	2,620	1,421	1,608	1,592	1,209	882	886
5.20	9.77	10.18	11.22	13.29	21.22	13.38	15.25	15.43	13.84	10.96	12.79
2,401	2,299	1,827	1,714	1,576	1,522	1,315	1,282	1,353	1,385	1,400	1,290
−1,886	−1,166	−1,004	649	−330	686	−315	28	33	−310	−716	−568
−1,477	905	117	694	−4,178	745	−545	53	752	−212	−808	999
809	966	709	801	1,246	553	393	801	648	1,007	736	407
0.57	0.75	0.64	0.72	1.29	0.54	0.44	0.91	0.75	1.38	1.10	0.70
3,287	3,100	2,424	2,247	2,487	2,693	2,054	2,247	2,311	2,233	2,019	1,323
2.33	2.42	2.20	2.01	2.57	2.62	2.32	2.56	2.69	3.07	3.01	2.29
6,972	7,671	5,992	4,643	3,300	2,816	2,659	2,191	2,088	2,504	2,310	2,353
4.94	5.98	5.45	4.15	3.41	2.74	3.00	2.49	2.43	3.44	3.44	4.08
853											
12,629	13,333	10,640	8,839	6,429	6,265	5,251	5,337	5,130	5,990	5,172	4,157
8.95	10.39	9.68	7.90	6.65	6.09	5.93	6.08	5.97	8.23	7.71	7.20
4,963	4,420	3,066	11,504	11,450	11,337	10,474	10,315	7,809	6,065	5,958	4,892
3.52	3.44	2.79	10.28	11.84	11.02	11.84	11.74	9.08	8.33	8.88	8.47
4,008	4,626	2,870	2,135	1,394	874	553	464	521	586	505	338
2.84	3.61	4.21	2.57	2.21	1.36	0.99	0.63	0.54	0.72	0.87	0.87
21,778	22,477	16,780	22,793	19,273	18,447	16,278	16,116	13,461	12,640	11,640	9,388
15.43	17.52	15.26	20.37	19.93	17.93	18.39	18.34	15.66	17.36	17.35	16.26
4,192	3,296	2,003	2,642	2,209	2,575	2,088	2,006	1,773	2,143	1,778	1,337
2.97	2.57	1.82	2.36	2.28	2.50	2.36	2.28	2.06	2.94	2.65	2.32
14,275	15,210	13,059	11,451	10,958	9,210	8,521	8,397	5,864	4,084	4,038	2,034
10.12	11.85	11.88	10.23	11.33	8.95	9.63	9.56	6.82	5.61	6.02	3.52
−720	186	409	4,292	158	808	419	487	1,254	3,247	2,438	3,380
−0.51	0.14	0.37	3.90	0.16	0.79	0.47	0.55	1.46	4.46	3.63	5.85
−3.31	0.83	2.44	18.83	0.82	4.38	2.57	3.02	9.32	25.69	20.95	36.00
13,555	15,396	13,468	15,743	11,116	10,018	8,940	8,884	7,118	7,331	6,476	5,414
9.60	12.00	12.25	14.07	11.49	9.74	10.10	10.11	8.28	10.07	9.65	9.38
6,067	2,934	2,625	2,432	2,626	2,934	2,625	2,432	2,626	2,694	2,551	2,339
4.30	2.29	2.39	2.17	2.72	2.85	2.97	2.77	3.05	3.70	3.80	4.05

第3章　含み益経営と逆粉飾

　当社では，古くから所有する不動産が大きく値上がりしていて，多額の含み益を擁していたために，逆粉飾により利益を資産に隠したのと同様の状態になっていたのだが，1990年3月期以降は，経常損益が赤字の年度が続いていた。経常損失は1991年3月期には27億円に膨れ上がり，1995年3月期までは20億円台の経常損失が続いたが，その後は，損失額は低下傾向にあるものの，2004年及び2005年3月期を除いて，2008年3月期まではすべての年度で赤字になっていた。

　当社では，不動産の含み益を吐き出して，当期純損失を黒字にしたり，損失額を減らす操作を続けてきたのだが，これは，過去に逆粉飾で隠した含み益を，業績が悪化した1990年3月期以降，粉飾で含み益を吐き出して，損失の穴埋めする利益平準化を行ってきたのと，実質的には同じ結果になっている。

　長期にわたる欠損の継続により，当社の株価は平成15年4月には25円にまで下がっていたのだが，平成16年11月に新規事業として，ディーゼル排ガスに含まれ，健康被害をもたらす粒子状物質及び窒素酸化物を捕集・除去するＤＰＦ用のセラミック繊維フィルターの開発に着手することを発表した。

　この発表後，当社の株価は急上昇したし，伊藤忠グループとの提携が実現して，20億円の出資を受けた。

　しかしながら，ＤＰＦ事業は商業化の見通しが立たず，伊藤忠からも見放されたし，主力のりそな銀行からも融資を断られた結果，力尽きて2008年5月30日に会社更生手続開始の申立てを行って，事実上倒産した。

2　自己資本比率36％での倒産

　当社倒産の僅か半月前の2008年5月15日に発表した2008年3月期の決算短信によると，同期の経常損益は568百万円の赤字になったものの，自動車学校用地の売却による売却益を特別利益に計上したため，当期純損益は999百万円の黒字になっている。

2 トスコ株式会社

　2009年3月期においても，当期純損益は360百万円の赤字になる予想を発表しているが，2008年3月期末現在の純資産が3,380百万円もあるし，自己資本比率は36％であって，この程度の赤字では，当社の屋台骨が揺らぐことになるとは考えられなかったであろう。

　2008年5月30日付の同社の「会社更生手続申立てに関するお知らせ」によると，「新規販売先の開拓や機能性素材商品等による販売拡大に努める一方，人件費を含めたコストの低減に注力致しましたが，昨秋の残暑の長期化や衣料品等への個人消費の低迷などにより，売上が想定以上に伸びず，平成20年3月期におよそ5億円の経常損失が発生するに至り事業の再建継続化に取り組んでまいりましたが，資金繰りと収益の好転が見込めない現状におきましては，このまま営業を継続すれば却って関係者の皆様にご迷惑をかけることになると判断」して，会社更生手続の申立てをするに至ったと説明されている。

　自己資本比率が36％の企業が，コスト低減努力がうまくいかなかったからといって，簡単に経営継続を諦めるというのは，これまでの例からは不自然である。本当は，2008年5月15日に，同年3月期の決算短信を公表したものの，監査法人の同意が得られなかったために，倒産に踏み切ったのかもしれない。

　経常損失が続いていることから，「継続企業の前提」に疑義がある旨の注記を記載することを監査人から求められたことも考えられる。この注記を記載すると，信用が失墜して，倒産にいたる可能性が高いので，自主再建を諦めて，会社更生法による再建の道を選んだのかもしれない。

　いずれにしても，スポンサーや銀行からは見放され，融資が受けられなくなって，資金繰りのめどが立たなくなり，自己資本比率が36％もある状態で倒産するほかなかったものと推察される。

　それにしても，1991年3月期以降は，ほぼ毎期，経常損益の赤字が続いていたのに，いまさら，残暑の長期化や個人消費の低迷が販売不振の言い訳にはならないし，コスト低減努力にしても，これまでにもコスト低減努力を真剣に続けてきたものと思われるので，この段階でも，コスト低減努力の不調を言い訳にするのは，いささか間が抜けた感じがする。

第3章 含み益経営と逆粉飾

3　含み益吐き出しの歴史

　当社の業績不振は1990年3月期ころから続いているので，過去に遡って当社の経営状況を検討してみたい。

　表3には，表2よりもさらに期間をさかのぼり，1984年3月期以降の売上高及び各種利益のほかに，特別利益に計上されている固定資産売却益と，特別損失に計上されている固定資産関係損を記載してある。固定資産関係損とは，固定資産の売却損，廃棄損及び評価損の合計額であり，固定資産売却益から固定資産関係損を控除した金額を差引純含み損益として記載してある。含み損益の源泉として，不動産の他に投資有価証券があるが，ここでは，不動産だけに限定している。

　そして，表3の期間中に売却した固定資産は，すべて1984年以前から保有していたものであり，2008年3月期まで時価には変動がなかったために，固定資産をいつ売却していても，売却益は同額であったと仮定して，純含み損益の次年度から2008年3月期までの合計額を各年度の税引前含み益合計としている。

　また，実効税率を41％として，税引前含み損益合計の59％を税引後含み損益合計としている。

　表3売上高下段の数値は，1987年3月期の売上高を100としたときの売上高の指数であり，各種利益及び販管費下段の数値は対売上高比率である。

　表4には，1984年3月期以降における売上債権，棚卸資産，流動資産，固定資産，総資産，借入金，純資産の年度ごとの推移を記載してある。各年度の下段の数値は項目ごとの回転期間である。

　表3，表4はすべて連結ベースのデータによるものである。

2 トスコ株式会社

表3　トスコ株式会社業績及び含み損益推移表　　　（単位：百万円）

	売上高	売総利益	販管費	経常利益	当期利益	固定資産売却益	固定資産関係損	差引純含み損益	税引前含み益合計	税引後含み益合計
84／3	24,982 89.68	4,348 17.40	2,035 8.15	2,231 8.93	837 3.35	5	20	−15	26,627	15,710
85／3	26,132 93.80	5,384 20.60	2,058 7.88	3,487 13.34	1,254 4.80	5	20	−15	26,642	15,719
86／3	27,003 96.93	4,605 17.05	2,216 8.21	2,023 7.49	552 2.04	3	20	−17	26,659	15,729
87／3	27,858 100.00	4,914 17.64	2,469 8.86	2,238 8.03	1,230 4.42	31	33	−2	26,661	15,730
88／3	27,418 98.42	4,407 16.07	2,665 9.72	1,698 6.19	499 1.82	3	18	−15	26,676	15,739
89／3	24,380 87.52	3,343 13.71	2,517 10.32	860 3.53	105 0.43	18	27	−9	26,685	15,744
90／3	20,570 73.84	2,033 9.88	2,364 11.49	−204 −0.99	19 0.09	273	10	263	26,422	15,589
91／3	20,957 75.23	834 3.98	2,451 11.70	−2,767 −13.20	−1,555 −7.42	52	2	50	26,372	15,560
92／3	19,138 68.70	1,520 7.94	2,539 13.27	−2,144 −11.20	−1,166 −6.09	1,629	40	1,589	24,783	14,622
93／3	16,389 58.83	413 2.52	2,462 15.02	−2,922 −17.83	−1,885 −11.50	402	6	396	24,387	14,389
94／3	16,133 57.91	426 2.64	2,333 14.46	−2,612 −16.19	485 3.01	3,153	14	3,139	21,248	12,537
95／3	16,493 59.20	385 2.33	2,401 14.56	−2,430 −14.73	142 0.86	2,822	11	2,811	18,437	10,878
96／3	15,628 56.10	811 5.19	2,339 14.97	−1,878 −12.02	−1,739 −11.13	209	62	147	18,290	10,791
97／3	16,935 60.79	880 5.20	2,401 14.18	−1,886 −11.14	−1,477 −8.72	952	131	821	17,469	10,307
98／3	15,397 55.27	1,504 9.77	2,299 14.93	−1,166 −7.57	905 5.88	2,922	34	2,888	14,581	8,603
99／3	13,196 47.37	1,344 10.18	1,827 13.85	−1,004 −7.61	117 0.89	3,793	15	3,778	10,803	6,374
00／3	13,426 48.19	1,506 11.22	1,714 12.77	−649 −4.83	694 5.17	2,591	71	2,520	0	0
01／3	11,606 41.66	1,543 13.29	1,576 13.58	−330 −2.84	−4,178 −36.00	122	11	111	0	0
02／3	12,344 44.31	2,620 21.22	1,522 12.33	686 5.56	745 6.04		50	−50	0	0
03／3	10,620 38.12	1,421 13.38	1,315 12.38	−315 −2.97	−545 −5.13	29	328	−299	0	0
04／3	10,542 37.84	1,608 15.25	1,282 12.16	28 0.27	53 0.50		5	−5	0	0
05／3	10,315 37.03	1,592 15.43	1,353 13.12	33 0.32	752 7.29	112	764	−652	0	0
06／3	8,738 31.37	1,209 13.84	1,385 15.85	−310 −3.55	−212 −2.43		561	−561	0	0
07／3	8,049 28.89	882 10.96	1,400 17.39	−716 −8.90	−808 −10.04		13	−13	0	0
08／3	6,929 24.87	886 12.79	1,290 18.62	−568 −8.20	999 14.42	1,210	0	1,210	0	0

注）　含み益がマイナスの場合はゼロとする。

第3章　含み益経営と逆粉飾

表4　トスコ株式会社主要財務数値推移表　　（単位：百万円）

	売上債権	棚卸資産	流動資産	固定資産	総資産	仕入債務	借入金	純資産	利益剰余金
84／3	4,780 2.30	6,924 3.33	14,939 7.18	4,311 2.07	19,585 9.41	5,733 2.75	6,397 3.07	3,969 1.91	2,995 1.44
85／3	4,895 2.25	7,761 3.56	16,715 7.68	5,055 2.32	21,770 10.00	6,058 2.78	6,774 3.11	4,708 2.16	3,734 1.71
86／3	3,921 1.74	8,010 3.56	16,371 7.28	5,983 2.66	22,572 10.03	4,484 1.99	9,908 4.40	4,947 2.20	5,030 2.24
87／3	5,231 2.25	7,329 3.16	16,680 7.19	7,108 3.06	23,961 10.32	4,548 1.96	8,470 3.65	7,180 3.09	0 0.00
88／3	5,827 2.55	8,433 3.69	17,907 7.84	7,791 3.41	26,102 11.42	4,623 2.02	10,911 4.78	7,215 3.16	5,065 2.22
89／3	6,414 3.16	9,350 4.60	19,801 9.75	7,921 3.90	28,199 13.88	3,603 1.77	14,196 6.99	7,096 3.49	4,951 2.44
90／3	5,465 3.19	9,935 5.80	20,470 11.94	9,798 5.72	30,641 17.88	3,971 2.32	13,742 8.02	7,008 4.09	4,859 2.83
91／3	4,684 2.68	8,888 5.09	17,032 9.75	10,563 6.05	27,595 15.80	4,317 2.47	13,105 7.50	5,693 3.26	3,542 2.03
92／3	3,850 2.41	9,302 5.83	16,168 10.14	10,024 6.29	26,192 16.42	3,922 2.46	13,337 8.36	4,527 2.84	2,376 1.49
93／3	4,366 3.20	8,277 6.06	15,282 11.19	10,700 7.83	25,982 19.02	2,875 2.11	16,216 11.87	2,641 1.93	491 0.36
94／3	2,614 1.94	7,619 5.67	12,695 9.44	10,123 7.53	22,817 16.97	2,090 1.55	11,833 8.80	3,127 2.33	976 0.73
95／3	2,932 2.13	6,345 4.62	11,216 8.16	10,131 7.37	21,348 15.53	3,023 2.20	10,941 7.96	3,276 2.38	1,126 0.82
96／3	2,981 2.29	6,175 4.74	10,814 8.30	10,141 7.79	20,956 16.09	3,115 2.39	12,320 9.46	1,538 1.18	−612 −0.47
97／3	3,287 2.33	6,972 4.94	12,629 8.95	8,971 6.36	21,778 15.43	4,192 2.97	14,275 10.12	−720 −0.51	−2,870 −2.03
98／3	3,100 2.42	7,671 5.98	13,333 10.39	9,046 7.05	22,477 17.52	3,296 2.57	15,210 11.85	186 0.14	−1,965 −1.53
99／3	2,424 2.20	5,992 5.45	10,640 9.68	5,936 5.40	16,780 15.26	2,003 1.82	13,059 11.88	409 0.37	−1,742 −1.58
00／3	2,747 2.46	4,643 4.15	8,839 7.90	13,639 12.19	22,793 20.37	2,642 2.36	11,451 10.23	4,292 3.84	−2,899 −2.59
01／3	2,487 2.57	3,300 3.41	6,429 6.65	12,844 13.28	19,273 19.93	2,209 2.28	10,958 11.33	158 0.16	−7,055 −7.29
02／3	2,693 2.62	2,816 2.74	6,265 6.09	12,211 11.87	18,447 17.93	2,575 2.50	9,210 8.95	808 0.79	−6,330 −6.15
03／3	2,054 2.32	2,659 3.00	5,251 5.93	11,027 12.46	16,278 18.39	2,088 2.36	8,521 9.63	419 0.47	−6,572 −7.43
04／3	2,247 2.56	2,191 2.49	5,337 6.08	10,779 12.27	16,116 18.34	2,006 2.28	8,397 9.56	487 0.55	−6,470 −7.36
05／3	2,311 2.69	2,088 2.43	5,130 5.97	8,330 9.69	13,461 15.66	1,773 2.06	5,864 6.82	1,254 1.46	−4,343 −5.05
06／3	2,233 3.07	2,504 3.44	5,990 8.23	6,651 9.13	12,640 17.36	2,143 2.94	4,084 5.61	3,247 4.46	−3,553 −4.88
07／3	2,019 3.01	2,310 3.44	5,172 7.71	6,463 9.64	11,640 17.35	1,778 2.65	4,038 6.02	2,438 3.63	−4,361 −6.50
08／3	1,323 2.29	2,353 4.08	4,157 7.20	5,230 9.06	9,388 16.26	1,337 2.32	2,034 3.52	3,380 5.85	−2,733 −4.73

4 長期間にわたる赤字の垂れ流し

　表3によると，当社では，長年にわたって大幅の損失を計上していて，1997年3月期には，7億円の債務超過に陥ったのだが，翌年度の1998年3月期には29億円の固定資産売却益を計上して，債務超過を解消した。債務超過を解消したとはいうものの，この時点での純資産は2億円弱であり，自己資本比率は0.8％に過ぎない。

　その後も50億円の土地再評価差額金を計上した2000年3月期を除き，2005年3月期までは，純資産は，一ケタ台の億円の低水準ながらも，資産超過の状態を維持してきた。

　その後も，業績は回復せず，特に，2006年3月期以降は3期連続して経常段階での損失が続いているのだが，2006年3月期における20億円の増資と，固定資産の売却による売却益の計上により，2006年3月期末には純資産は32億円（自己資本比率25.7％）にまで増えた。

　2008年3月期末には，自己資本比率は36.0％に上昇しているが，これは固定資産の処分により総資産が減少したことと，固定資産売却益により純資産が増加したことによるものであり，倒産直前期の自己資本比率が高いとはいうものの，赤字体質のもとでの過去の含み益の食いつぶしによるものであり，財政基盤が堅固であるとはいい難い。

　つまり，巨額の繰越欠損金を抱え，自社の収益力だけでは繰越欠損金の解消は不可能の状態にあったのだが，株主の支援と，不動産含み益の吐き出しによって，何とか形式的に債務超過に陥るのを免れていただけである。このままジリ貧状態が続くと，早晩，経営破綻に至ることは容易に想像できる。

　当社では，固定資産を売却するなどして資産を削減し続けてきているが，売上高の減少により総資産回転期間が年々上昇傾向にあって，2008年3月末においても，総資産回転期間が16か月を超えている。棚卸資産も多くの年度で高水準の状態にあり，含み益の食いつぶしと同時に，含み損が多く蓄積されている

ことも疑われる。

　倒産時の会社側の説明によると，人件費削減などにより収益の改善に努めたのだが，改善が望めないことから，会社更生手続開始の申立てを行ったとのことである。

　実質的には債務超過に陥っていたのか，あるいは，会社側説明のように収益の改善が望めないために倒産させたのか，どちらが本当の倒産の原因なのかは不明だが，後者が原因であり，まだ資産超過の状態にあったが，将来の業績回復が見込めないし，金融機関の支援が得られないので，早いうちに会社更生法適用の道を選んだのだとすると，当社のケースは黒字倒産の色彩が濃厚であると考えられる。

5　含み益と含み損の混在？

　倒産後，管財人が進めてきた調査に基づく平成20年10月15日付の調査報告書によると，平成20年8月15日現在の純資産は，簿価による場合は3,080百万円の資産超過だが，清算価値ベースによると1,551百万円の債務超過になっており，両ベースによる純資産の金額には4,631百万円の差がある。

　表5は，上記調査報告書による平成20年8月15日現在の主な資産及び純資産の簿価と時価による残高の比較表である。

　表5によると，簿価と時価ベースの間の評価の差額は，資産の部では6,182百万円，負債で1,551百万円の差額があり，差引き評価差額は4,631百万円である。評価ベースによる差額の大きなものは，棚卸資産の1,755百万円と，土地の725百万円（土地評価差額1,963百万円－繰延税金負債1,238），土地以外の有形固定資産1,000百万円及び投資その他の924百万円である。土地以外の有形固定資産の清算価値をほとんどゼロに評価しているのは納得できるが，棚卸資産や土地の評価に違いがありすぎる。

　棚卸資産や固定資産の回転期間が長いこと，したがって総資産回転期間が長

表5　平成20年8月15日現在の簿価と時価による貸借対照表比較表

(単位：百万円)

評　価　額	科　目		差　額
	簿価ベース	清算価値ベース	
(資産の部)			
現　金　預　金	211	211	0
売　上　債　権	864	533	−331
棚　卸　資　産	2,033	278	−1,755
そ　の　他	188	1	−187
流　動　資　産　計	3,296	1,023	−2,273
有形固定資産	4,640	1,657	−2,983
(内　土　地)	(3,619)	(1,656)	(−1,963)
無形固定資産	2	0	−2
投　資　そ　の　他	1,228	304	−924
固　定　資　産　計	5,870	1,961	−3,909
資　産　合　計	9,166	2,984	−6,182
(負債の部)			
短　期　借　入　金	1,942	1,942	0
仕　入　債　務	925	923	−2
割　引　手　形	239	239	0
リ　ー　ス　債　務	256	256	0
繰　延　税　金　負　債	1,238	0	−1,238
そ　の　他　負　債	528	217	−311
諸　引　当　金	958	958	0
負　債　合　計	6,086	4,535	−1,551
純　資　産　合　計	3,080	−1,551	−4,631
負債純資産合計	9,166	2,984	−6,182

いことからも，倒産時の公表貸借対照表には，事業継続を前提にして評価しても，棚卸資産，土地，投資その他の資産などに多くの含み損の含まれていた可能性がある。

　なお，平成20年5月30日現在の継続価値ベースによる評価では，棚卸資産は1,540百万円，土地は2,365百万円となっており，純資産の部合計額は1,102百万円のプラスになっているが，そもそもこの時点での評価が甘すぎる可能性がある。

第3章 含み益経営と逆粉飾

6　16年間にわたる赤字経営の実態

(1)　減収傾向の継続

そこで，表3により，当社の業績と，含み損益との関係を1984年3月期にまで遡って検討する。

当社では，1987年3月期を頂点にして，その後は長年にわたって減収傾向が続いている。1987年3月期には279億円であった売上高が，2008年3月期には69億円にまで低下していて，25年間に売上高は24.9％に縮小している。売上高が最盛期の24.9％にまで低下するというのは尋常な現象ではなく，これほどまで売上高が低下する前に倒産しているのが普通である。

当社が，このような異常な状態で生存を続けてこられた原因を探るために，25年もの長期間の分析を行うわけである。

(2)　赤字経営の長期間継続

1990年3月期から，2008年3月期までの19年間の経常損益の累計額は212億円の赤字になり，この19年間は，年間平均して10億円以上の経常損失を出していたことになる。

当期純損益でも赤字基調が続いていて，1990年3月期から2008年3月期までの19年間の赤字の累計額は87億円であり，経常損失の半額以下に留まっている。これは主に，特別利益で，固定資産売却益などを計上しているからであり，1990年3月期から2008年3月期までの19年間の固定資産売却益の累計額は202億円に上る。同期間中に，特別損失で固定資産関係損失を累計で21億円計上しているので，固定資産処分に係る損益は，純額では181億円のプラスになる。

(3)　膨大な含み益の存在

上記の固定資産処分損益の純額181億円は，19年間における含み益の吐き出し合計額であったと考えられる。

2 トスコ株式会社

　当社では，2000年3月期に50億円の土地再評価差額金を純資産に計上している。この金額も含み益の吐き出し額であり，当社では，バブル崩壊後の19年間にわたり大部分の期間で経常損益が赤字になっていたのを，固定資産の含み益の益出しにより補填してきたことになる。

7　含み益経営と逆粉飾の同質性

　当社では，1984年3月期末において固定資産に含まれていた157億円もの税引後の純含み益を，バブル崩壊前の1990年3月期から19年間にわたって食い潰した末に，2008年5月に倒産したものである。

　この157億円の税引後の含み益は，当社の財務諸表ではすべて簿外になっていて，貸借対照表の資産残高は純資産金額とともに，時価で換算した金額よりも大幅に低く表示されている。

　表6は，含み益を加えて時価で評価した場合の，総資産，固定資産，純資産の残高の年度ごとの推移を示した表である。簿価による金額もあわせて記載してあるが，両者を区別するために，簿価によるものは，例えば，固定資産の場合には固定資産①とし，時価によるものを固定資産②などとし，①，②で区別している。

　固定資産及び総資産の時価換算においては，簿価に税引前含み益を加えてあるが，純資産の時価換算においては，実効税率を41％として計算した税引後含み益を純資産に加算してある。

　純資産には税引後の含み益を加えているが，損失とうまく組み合わせれば，税金は不要になるので，一部は税引前の含み益を加えてもよい。

第3章 含み益経営と逆粉飾

表6 トスコ株式会社時価による資産,純資産評価額の推移表 (単位:百万円)

	固定資産①	固定資産②	総資産①	総資産②	純資産①	純資産②
84/3	4,311 2.07	30,938 14.86	19,585 9.41	46,212 22.20	3,969 1.91	19,679 9.45
85/3	5,055 2.32	31,697 14.56	21,770 10.00	48,412 22.23	4,708 2.16	20,427 9.38
86/3	5,983 2.66	32,642 14.51	22,572 10.03	49,231 21.88	4,947 2.20	20,676 9.19
87/3	7,108 3.06	33,769 14.55	23,961 10.32	50,622 21.81	7,180 3.09	22,910 9.87
88/3	7,791 3.41	34,467 15.09	26,102 11.42	52,778 23.10	7,215 3.16	22,954 10.05
89/3	7,921 3.90	34,606 17.03	28,199 13.88	54,884 27.01	7,096 3.49	22,840 11.24
90/3	9,798 5.72	36,220 21.13	30,641 17.88	57,063 33.29	7,008 4.09	22,597 13.18
91/3	10,563 6.05	36,935 21.15	27,595 15.80	53,967 30.90	5,693 3.26	21,253 12.17
92/3	10,024 6.29	34,807 21.83	26,192 16.42	50,975 31.96	4,527 2.84	19,149 12.01
93/3	10,700 7.83	35,087 25.69	25,982 19.02	50,369 36.88	2,641 1.93	17,030 12.47
94/3	10,123 7.53	31,371 23.33	22,817 16.97	44,065 32.78	3,127 2.33	15,664 11.65
95/3	10,131 7.37	28,568 20.79	21,348 15.53	39,785 28.95	3,276 2.38	14,154 10.30
96/3	10,141 7.79	28,431 21.83	20,956 16.09	39,246 30.14	1,538 1.18	12,329 9.47
97/3	8,971 6.36	26,440 18.74	21,778 15.43	39,247 27.81	−720 −0.51	9,587 6.79
98/3	9,046 7.05	23,627 18.41	22,477 17.52	37,058 28.88	186 0.14	8,789 6.85
99/3	5,936 5.40	16,739 15.22	16,780 15.26	27,583 25.08	409 0.37	6,783 6.17
00/3	13,639 12.19	13,639 12.19	22,793 20.37	22,793 20.37	4,292 3.84	4,292 3.84
01/3	12,844 13.28	12,844 13.28	19,273 19.93	19,273 19.93	158 0.16	158 0.16
02/3	12,211 11.87	12,211 11.87	18,447 17.93	18,447 17.93	808 0.79	808 0.79
03/3	11,027 12.46	11,027 12.46	16,278 18.39	16,278 18.39	419 0.47	419 0.47
04/3	10,779 12.27	10,779 12.27	16,116 18.34	16,116 18.34	487 0.55	487 0.55
05/3	8,330 9.69	8,330 9.69	13,461 15.66	13,461 15.66	1,254 1.46	1,254 1.46
06/3	6,651 9.13	6,651 9.13	12,640 17.36	12,640 17.36	3,247 4.46	3,247 4.46
07/3	6,463 9.64	6,463 9.64	11,640 17.35	11,640 17.35	2,438 3.63	2,438 3.63
08/3	5,230 9.06	5,230 9.06	9,388 16.26	9,388 16.26	3,380 5.85	3,380 5.85

注) 各年度下段の数値は回転期間(月)である。

8 取得価額による固定資産回転期間の推移

　トスコでは，固定資産をすべて1984年3月期に時価で取得しており，1984年以降2008年まで，時価の変動がなかったとすると，トスコでは，固定資産の本来の簿価は簿価②なのだが，逆粉飾により①の金額にまで引き下げたものを簿価として利用していたケースと，結果的には同じことになる。

　含み益経営を逆粉飾経営と同一視してみると，トスコの1991年3月期までの決算書は，逆粉飾により簿価が引き下げられており，それ以降は，粉飾により含み益を吐き出す利益平準化を行ってきたのと同じパターンになっている。

　表6によると，取得価額による推移では，1984年3月期からバブルが弾けた1991年3月期までの7年間に固定資産残高が2倍以上に増加して，100億円を超えている。バブルに乗って固定資産を増やしたことが窺われるが，それでも固定資産回転期間は1991年3月末で6.05か月であり，異常に高いというほどではない。

　その後も，1996年までは固定資産の簿価は100億円を超えたままであり，売上高の減少により，固定資産回転期間は上昇を続けて，1996年3月期末には7.79か月に達している。1997年3月期以降は，固定資産の減少が続いており，売上高の減少傾向が続いているのにも係わらず，固定資産回転期間は1999年3月期末には5.40か月にまで低下している。

　2000年3月期には，簿価が再評価により86億円上積みされた結果，回転期間は再度上昇して，12.19か月となったが，その後は，固定資産の売却により，回転期間は低下を続けていて，2008年3月末においては9.06か月にまで低下しているが，まだまだ回転期間は長すぎると思われる。

　固定資産の動きに応じて，総資産回転期間も同様の変動をしており，売上高の減少に伴い総資産回転期間は1993年3月期までは上昇を続けて，19.02か月になっているが，その後は低下に転じて，1999年3月期には，15.26か月にまで低下している。

第3章　含み益経営と逆粉飾

　再評価を行った2000年3月期には，総資産回転期間はいったん20.37か月にまで上昇するが，その後は低下を続けて，2008年3月には16.26か月にまで低下している。

　このように取得価額による貸借対照表でも，売上高の減少により，総資産回転期間は上昇を続けていて，売上高の減少により資産は過剰状態になっていることを示しているが，それでも，売却などによる資産整理を進めているため，再評価差額金を計上する前の1999年3月期までは，異常なまでに過剰というほどではない。

　2000年3月期以降は，固定資産や総資産回転期間は異常に高くなっていて，倒産直前期の2008年3月期末においても固定資産回転期間が9か月以上であり，総資産回転期間も16か月を超えている。

9　時価評価による資産回転期間の推移

　含み益を加えた時価による数値では，当社の欠点がさらに浮き彫りになる。

　表7は，経常利益率が最高であった1985年3月期における経常利益と当期純利益の売上高利益率と総資産及び純資産利益率を示したもので，総資産と純資産利益率には，簿価による計算値①と，時価による計算値②の両方を記載してある。

　表7は，表3に掲載した24年間で，当社の業績が最高であった1985年3月期における簿価と時価換算による総資産，固定資産，純資産の残高と回転期間及び自己資本比率を比較した表である。①は取得価額による残高であり，②は時価による残高である。

　表7によると，取得価額と時価による計算値の差が大きいのが注目される。

　1985年3月期には，①の取得価額による貸借対照表では，固定資産や総資産の回転期間はほぼ適正値に収まっていて，資金運用面でも効率的な経営が行われていたものと解釈してしまう。

2 トスコ株式会社

表7 1985年3月期数値の簿価,時価による計算値比較表

(単位:百万円)

科目	金額	回転期間	自己資本比率
売上高	26,132		
総資産①	21,770	10.00月	
総資産②	48,412	20.23月	
固定資産①	5,055	2.32月	
固定資産②	31,697	14.56月	
純資産①	4,708	2.16月	21.63%
純資産②	20,427	9.38月	42.19%

　時価による数値によると,回転期間は標準に比べ著しく長く,効率の悪さが目立つ。バブルが崩壊して,厳しい経営環境になったときには,過剰に資産を持つだけの余裕がなくなるので,この時期ころから資産削減に向かわなければならなかったのに,バブルが弾けた1991年3月期までは固定資産の増加が続いているし,その後暫くの間は回転期間の上昇が続いている。まだまだバブルが続くと見ていたのか,ブレーキを掛けたが,直ぐには効かなかったのかのどちらかであろう。

　表8は,1985年3月期の経常利益と当期純利益について,売上高利益率と,総資産及び純資産利益率を計算したものであり,総資産と純資産利益率には,①の取得価額によるものと,②の時価によるものとの両方の利益率を計算してある。

表8 1985年3月期における各種利益率　(単位:百万円)

	利益額	売上高利益率	総資産利益率		純資産利益率	
			総資産①	総資産②	純資産①	純資産②
経常利益	3,487	13.34%	16.02%	7.20%	74.07%	17.07%
当期純利益	1,254	4.80%	5.76%	2.59%	26.64%	6.14%

　企業は,運用している資産の実際価値に見合った収益を上げなければならないとすると,表8の時価による利益率はいずれも低すぎる。最高の利益を上げていた時期でも実質利益率が低すぎるということは,当社では早くから収益性

に問題があったことを示している。

取得価額による資産や純資産利益率では，このような問題点が隠され，利害関係者は誤った判断をする恐れがあるのみならず，会社自身でも，収益性の低さや，過大資産の状態を見逃して，改善などに対する切迫感が失われる結果になる。

10 含み益が早くに実現していたら

そこで，当社が1984年3月期において，新しく取得した固定資産により操業をしたと考え，貸借対照表の数値を，表6の固定資産②，総資産②，純資産②に置き換えて当社の業績などを評価することが必要になる。

当社では収益性が低く，1991年3月までの実績でも，減収・減益傾向が続いていて，経常損益はバブルが崩壊した1991年3月期以降は大幅赤字が続いているのだが，1991年3月期までのバブル期に固定資産を増やしている。1992年以降は，益出しもあって固定資産は減少に向かっているが，取得価額による金額は，2008年3月期末においても，1985年3月期末の残高よりも多い5,230百万円もあって，回転期間でも9.06か月もある。

これを時価換算値で見ると，売上高の減少にもかかわらずバブル期における投資により固定資産回転期間は1993年3月期までは増え続けていて，時価による回転期間は25.69か月に達している。

当社では，バブルの最盛期においても，業績低下傾向が目立っているし，時価による固定資産の保有残高が著しく過大になっているのに，バブルに乗じてさらに固定資産を増やしているのは，業績回復への布石であったのかもしれないが，含み益の存在が，気持ちを大きくしたこともあったと思われる。

バブル崩壊後は大幅赤字が続いているのに，含み益のおかげで，その吐き出しにより，長年にわたって経営を続けることができたのが，かえってあだになった可能性もある。

2 トスコ株式会社

　本来なら，もっと早く，事業を見限って，新しい事業に打って出るとか，事業を閉鎖することなどを考えるべきだが，ずるずると含み益を食いつぶす結果になってしまった。

　含み益を食いつぶして，やっと事態の重大さに気がつき，合理化による収益性の改善を図ったが，"とき既に遅し"で，倒産するしかなかった，ということであったと思われる。

　2008年3月期末において，自己資本比率が36.0％もあったのだが，これまで157億円もの含み益を食い尽くした末での自己資本残高では，この残高も時ならず食い尽くして，債務超過に陥ることは確実であり，36.0％の高率の自己資本比率は，当社に与えられた"最後の切り札"であった。

　最初に述べたように，当社では2008年3月期に5億円の経常損失がでた（経常損益は2006年3月期から3年続けて赤字であった）ことから，黒字転換のための検討が始まったとのことだが，大部分の期間で大幅赤字を垂れ流し，含み益を食い尽くしたこの時点で慌てるのでは明らかに手遅れである。

　当社で1991年頃から時価会計が行われていて，不動産が時価で評価された結果，1991年3月期末の純資産が205億円になっていたとすると，その後の経営はどうなっていたであろうか。

　経営陣は，過大資産と過大資本の状態をいつも見せ付けられ，資産・資金運用の著しい非効率さを知らされる結果，抜本的な経営構造の改善の必要性を，より逼迫感をもつようになっていたかもしれない。その結果，将来性のない麻糸紡績に見切りをつけて，早々に全く新しい事業への乗り換えに，本格的に取り組んでいた可能性もある。

　当社の含み益は，逆粉飾などによるものではなく，合法的で自然発生的なものだが，逆粉飾により巨額の含み益を内部に溜め込んだ場合にも，当社と同様の弊害が生じるのではないだろうか。

第3章 含み益経営と逆粉飾

11 トスコの財務分析

そこで，1984年3月期以降1989年3月期までを第1期，1990年3月期から1999年3月期までを第2期，2000年3月期以降を第3期の3期に区分して，各期の業績の分析を行う。

第1期（1989年3月期まで）

1985年3月期以降の推移では，売上高は1987年3月期までは増加しているが，その後は減少に転じていて，1989年3月期の売上高は，1987年3月期の279億円から12.5％減少して244億円に低下している。

経常利益は1985年3月期の34億円をピークにして減少を続けているがそれでも，黒字を維持しており，このステージは当社での最後の繁栄の時期であり，その後は，ほぼ全期間にわたって含み益食いつぶしの赤字経営が続いている。

減収が続いているのに，1988年3月期までは，販売費及び一般管理費の増加が続いているし，1989年3月期には減少に転じたものの，僅かな減少に留まっている。

簿価による固定資産はこの期間を通して増加を続けているし，借入金も大幅に増加している。

このように，業績では減収・減益傾向に転換しているのに，まだ，厳しさを認識していなかったのか，業績回復のための先行投資を続けたためか，前向き攻勢が続いていて，次の第2期になってようやく合理化に着手したものと推察される。

簿価による財政状態では，この期では，棚卸資産や固定資産の増加が続いていることから，総資産が増加を続けていて，売上高の減少と相俟って，総資産回転期間の上昇が続いている。それでも1989年3月末でも，総資産回転期間は13.9か月であり，異常に高いというほどではない。

自己資本比率は1987年3月期には30.0％にまで上昇したが，その後は総資産

の増加もあり低下を続けているが，それでも20％台を維持している。

　第1期は業績が順調であった最後の期間であり，簿価による財政状態でも，ほぼ健全性を維持できていた期間である。

第2期（1990年3月期～1999年3月期）

　この期間は，底なし赤字経営時代の始まりのステージである。

　このステージにおいては，大部分の年度において，売上高の減少が続いており，1999年3月期には最盛期の半分以下の132億円になっている。

　売上総利益率は，第1期においても，1985年3月期の20.60％から毎年低下を続け，1989年3月期の13.71％にまで低下しているのだが，第2期に入り，1990年3月期には10％を割り込み，1991年3月期から1995年3月期は1992年3月期を除き2～3％台の低率が続いているし，1996年3月期以降上昇に転じたが，それでも1999年3月期でやっと10％を超えたに過ぎない。

　経常損益では，1995年3月期までは20億円台の損失が続いたが，1996年3月期以降は損失額が10億円台に減少し，1999年3月期には10億円に縮小している。販売費及び一般管理費は減少傾向が続いていて，1999年3月期には，最高であった1988年3月期の67.6％の18億円強になっている。

　棚卸資産回転期間が1992年3月期には6.23か月に達していて，不良在庫が増加していることが疑われる。その後は低下傾向にあるが，それでも1999年3月期には5.45か月もあって，依然として高水準の状態が続いている。

　簿価ベースの固定資産残高は，1996年3月期までは，100億円台の残高が続いたが，1997年3月期以降年ごとに大幅に減少し，1999年3月期には59億円になっていて，これまでの最大残高であった1993年3月期の107億円の55.5％になっている。

　総資産回転期間は1993年3月期までは上昇を続け，19か月を超えたが，その後は低下に向かい，1999年3月期には15.26か月になっている。15.26か月は依然として長すぎる回転期間である。

　経費も，固定資産残高も，ともに大幅に減少していて，合理化に取り掛かっ

第3章　含み益経営と逆粉飾

たことが窺われるが，売上高や利益の減少状態から見て，合理化が充分であるとはいえず，中途半端に終わっている感じがする。あるいは，不良資産が増えているのかもしれない。

赤字の継続により，自己資本比率は低下の一途を辿っていて，益出しにより補填をしているが，債務超過か，債務超過一歩手前の状態で低迷しているし，逆に借入金依存度が上昇して77.8％にまで上昇している。

業績のみならず，含み益を考慮しないと，簿価による財政状態からは，経営破綻状態に近づいていることが読み取れる。

第3期（2000年3月期以降）

この期は再建に向かっての最後の闘争期である。

売上高の低下傾向が続いていて，2008年3月期には，全盛期の1987年3月期の24.6％の69億円強にまで落ち込んでいる。

売上総利益率は第3期には上昇に転じ，2005年3月期には15.43％に達したが，その後は再度低下を続けている。他方，売上高は減少傾向を続けているので，売上総利益はおおむね10億円台で推移していて，2007年3月期以降は8億円台に低下している。

その結果，経常損益は，2000年3月期には損失額がこれまでの10億円台から6億円台に低下したが，その後も赤字は減少を続けている。2004年及び2005年3月期には僅かではあるが黒字に転換したが，2006年3月期以降は再度赤字に陥り赤字幅は広がる傾向にある。

販売費及び一般管理費の削減が続いているが，13億円前後で頭打ちになった様子だし，固定資産は2000年3月期には再評価により名目的に大きく膨れ上がったが，その後は減少が続いている。固定資産の益出しは2000年3月期の2,600万円でほぼ終わりとなり，その後は含み損の解消の方が目立つようになっている。

2 トスコ株式会社

12 改善策について

11 の分析から，当社では，第2期に入ってから再建に取り掛かり，1996年ころからその効果が出てきたのだが，抜本的な改革ではなく，規模を縮小して，縮小均衡により再建を図ったものと推察される。

そこで，以下において，各年度の有価証券報告書の記載事項をもとに，第2期の1990年3月期以降の当社による経営改善策などを検討してみたい。

当社では，1990年3月期から経常損益での赤字基調が続いているが，1992年3月期の有価証券報告書においては，会社の課題を，新複合素材の開発など，これまでの方針を繰返し述べているにすぎない。

1994年3月期には，適正規模を前提に，生産体制，販売体制等の再構築に取り組むことを表明しており，この時点で企業規模縮小による赤字幅の縮小に取り掛かったことが推察される。

1995年3月期の有価証券報告書には，流通経路を見直し，生産体制のアジアへのシフトや国内紡績工場の集約化に取り掛かったことが述べられている。

1997年3月期には，早期退職者制度を創設して，人員削減に備えている。

1999年3月期には，営業部門を中心に運営機構を簡素化し，希望退職者を募り，人員整理をはじめている。

2002年3月期には，中国での生産体制の充実，販売体制の確立や欧米への海外販売への注力などの方針が述べられている。また，新規事業である不動産販売により，収益を大きく押し上げることができたことが述べられている。

2003年3月期において，「改訂トスコ21C（中期経営計画）」が策定され，収益改善・安定・成長を目指し，成長性の高い新規事業を順次立ち上げることが謳われている。

この間の研究開発費の推移を見ると，1990年3月期の341百万円から年度ごとに減少傾向が続いており，1994年3月期には237百万円に，1998年3月期には169百万円に，2000年3月期には41百万円になり，2003年3月期には僅か13

第3章　含み益経営と逆粉飾

百万円になっている。

当社では，再建期においても，十分な研究開発の投資を行わず，人員整理や経費節減による縮小均衡に重点を置いていたようだ。2003年3月期頃になってようやく，新規事業の立ち上げに乗り出したようだが，これでは遅すぎるのは明らかだ。

当社では，新規事業の柱として，ディーゼル排ガスに含まれ，健康被害をもたらす粒子状物質及び窒素酸化物を捕集・除去するDPF用のセラミック繊維フィルターの開発・実験，供給を行っていたが，倒産時点でもまだ研究開発の段階にあった。

過去に若干の販売実績があったものの，更生手続開始後においては，多額の研究開発費が必要な当事業の継続は不可能との結論に達しており，譲渡先が見つからなければ，この事業は結局失敗に終わることになる。

新規事業の立ち上げが進まない状況から，1990年3月期から1999年3月期までの製品別の販売比率は次の通りであり，販売製品の構成比から見る限り，糸

表9　製品別販売構成比推移表

	1990／3	1993／3	1996／3	1999／3
衣 料 用 麻				
麻糸及び各種混紡糸	31.3%	29.3%	22.7%	13.7%
麻及び混紡織物，編物	36.1	29.0	31.5	28.9
二 次 製 品	9.0	14.3	19.4	27.9
計	76.4	72.6	73.6	70.5
産 業 資 材				
寝装・インテリア他	6.8	7.5	7.9	9.3
重　　　　　　布	2.9	2.8	2.8	4.3
化　　成　　品	7.2	7.1	7.2	8.0
計	16.9	17.4	17.9	21.6
非　繊　維	6.7	10.0	8.5	8.0
合　　　　計	100.0	100.0	100.0	100.0

や織物が減って，二次製品が増えていることから，付加価値の高い製品への販売シフトの行われていることが窺われるが，繊維（それも麻製品）への依存度が著しく高い状態が続いていて，事業の転換など，抜本的な改革はあまり行われていないようである。

13 ま と め

以上，トスコの含み益経営の破綻過程を見てきたが，当社の事例から得られる教訓などを纏めると，以下の通りとなる。

(1) トスコ自身の立場から

まず，トスコ自身の立場からは次のようなことがいえる。

1991年3月期から18年間にもわたって，大部分の年度で経常段階での赤字が続いており，2000年3月期ころまでに含み益も底を突いたとすると，当社の経営破綻は容易に予測できる。

再建には，基本的には収益力の回復が必要であり，常識的に考えて，長期間（例えば5年間）も経常赤字が続いているのは，合理化や新商品開発などの再建策も収益力回復に効果がなかったことを示しており，事業転換などの抜本的な再建策も手詰まりとなったことを意味する。

当社でも，さまざまな努力を行ったのであろうが，結果としては，縮小均衡を試みた程度で，20年間も抜本的な手を打てずに，ずるずると含み益を食い潰し続けた末に会社を倒産させたことが推察できる。

含み益経営の生ぬるさが20年近くもの間，含み益の食い潰し経営を可能にしたものである。

含み益をわざわざ公開することはないだろうが，社内では常に，"含み益，あと○○円"などを知らせる信号を出し，その間になんとしてでも収益力をつける必要のあることを，社内全員に周知させるなどが行われていたら，社内の

第3章 含み益経営と逆粉飾

緊張感が多少は違っていたかもしれない。

また，当社の場合，長期間赤字基調の経営が続いているから問題外かもしれないが，不動産などに含み益がある以上，含み益相当ののれん価値が発生していて，これら不動産を利用して得られる収益も，のれん価値を反映したものでなければならない。したがって，総資産利益率や純資産利益率などによる収益性の評価には，総資産や純資産は，時価によるものでなければならない。低い簿価で計算すると，利益率が高くなりすぎて，実態を見誤ることになる。

(2) 外部の利害関係者の立場から

当社で極めて長期間，赤字体質が続いたのに，倒産を免れえたのは，外部の利害関係者も含み益のことを知っていて，赤字続きでもまだ，大丈夫との安心感があって，当社への投資や与信を続けたことが，当社の長期間の存続を助けたからと思われる。

当社のような含み益企業については，会社側の宣伝や，不動産の保有状態などから，外部の利害関係者は含み益についての情報は持っていたとしても，具体的で正確な情報までは持っていないと思われる。そのため，含み益を過大評価していて，倒産により貸倒損失などの被害を被ることが起こりうる。

外部の利害関係者は，具体的には，簿価による財務情報しか入手できず，含み益などは推定でしか分からないのが普通だが，これまでの検討により，簿価による財政状態の変化は，経営状況の変化を正しく伝えているようだ。経常損益からも，当社の収益性の変動を読み取ることができるようだ。

また，資産の回転期間の上昇などから，通常の企業と同様に，含み損が増加していることなどを推測することも必要である。含み益があるから，含み損は大目に見るなどの斟酌はすべきでない。

債権者の立場では，まず，簿価による財務情報により，収益性や財務の体質の推移を検討して，与信方針を決めるべきだろう。その上で，含み益のことを考慮して，最終結論を出すことになるのだが，倒産危険状態にまで業績が低下したのなら，今後，含み益を食いつぶして生き延びたとしても結果は，同じこ

とになる可能性が極めて高いことを認識する必要がある。

　しかし，現在は，含み益を食い潰していても，会社側でもさまざまな手を打っていて，近いうちに収益力が回復する可能性があるかもしれない。このような期待から，債権者側ではもう少し様子を見ようと言うことになる可能性がある。

　含み益の存在が確実に推察できる場合でも，当社のスポンサー役を務めている主力納入業者でもない限り，一般の納入業者は，例えば，売上高が最盛期の50％を下回ったとき，赤字体質が例えば5年間も継続したときなどには，取引からの撤退をきめるべきであろう。5年間も再建努力をして，改善の兆しが見えないのなら，将来性はないとみるべきだからである。

　当社では，倒産直前期には売上高が最盛期の24.6％にまで低下しているし，1991年3月期から倒産まで，経常損益が赤字の状態が続いていて，これが異常である。もっと早い段階で，当社の再建に見切りをつけるべきである。

　1995年3月期には5年間経常損益の赤字が続いている。当社の場合，含み益が極めて多額であったから，再建までの余裕期間の5年間を2年程度は延長できるかもしれない。

　1999年3月期には，売上高が最盛期の47.4％に低下している。その上に，再評価などを行っていないのに，総資産回転期間が上昇を続けていて，1998年3月期には17.5か月に達している。

　以上を総合して，当社への原材料の納入業者などは，当社との取引について，1997年3月期から遅くとも1999年3月期には取引からの撤退を決めるべきと考えられる。

　当社の場合，黒字と思われる段階で，早々と倒産したために，会社更生手続開始の申立てを行った平成20年5月末現在の純資産額は，簿価によると，31億円のプラスだが，清算価値では13億円の債務超過であり，予想破産配当率は14％とのことである。黒字倒産といえども，債権のほとんど全額が回収できなくなる。

　清算ベースの評価額などは，債権者には正確には分からないので，ぎりぎり

第3章 含み益経営と逆粉飾

の段階まで待たずに，危険が高まった時点の，早い時期に撤退の決断をして，倒産に至る前に，債権を全額回収しておかなければならない。

3 株式会社アーバンコーポレイション

1 倒産までの経緯

　次に，2008年8月13日に民事再生手続開始の申立てを行って事実上倒産した住宅開発会社の株式会社アーバンコーポレイション（以下，アーバンという）のケースを取り上げる。

　アーバンは平成2年5月に分譲マンションの企画・販売代理を目的に広島市において設立された。

　平成8年には日本証券業協会に株式を店頭登録した。

　関西地区，首都圏に進出して営業地域を拡大していったし，平成12年2月には，東京証券取引所第2部に上場し，平成14年3月には同第1部に昇格を果たしている。

　その後，北海道，九州にも進出して，全国展開をはかった。また，平成16年2月には，アセットマネジメント業に本格参入のため，株式会社アーバン・アセットマネジメントを設立している。

　当社は，不動産のバブルに便乗して，売上と利益を伸ばしたのだが，同時に棚卸資産が大幅に増えたし，それに伴って借入金も増えたために，バブルの崩壊により，資金繰りに詰まって倒産したものであり，この時期にスルガコーポレーションなど同業者の倒産が続発した。

第3章 含み益経営と逆粉飾

2 大規模粉飾のパターン

　表10は，アーバンの2003年3月期から2008年3月期までと，2009年3月期の第1四半期の財務主要数値の推移を記載した表である。

　表10よると，アーバンでは，2003年3月期から2008年3月期までの5年間に売上高が7.5倍に増えている。特に，2007年3月期から2008年3月期にかけての売上高の増加状況は異常であり，通常の企業では，大型合併などを実行しない限り実現できないような増加ぶりである。大規模な循環取引などを頻繁に行って，売上高を水増しした場合のパターンに似ている。

　総資産回転期間の上昇具合も異常であり，2003年3月末の22.4か月から2006年3月期末には37.9か月に上昇している。その後は，売上高の異常な増加により，回転期間は低下しているが，低下幅が小さくて，依然として高水準の回転期間が続いているし，総資産残高は異常に増加している。

　総資産残高及び回転期間の増加は，主に棚卸資産の増加によるものであり，このため，借入金残高及び借入金回転期間も異常に膨らんでいる。

　好調な業績に支えられ，純資産も年度ごとに著しく増加していて，2003年3月期末の143億円から2008年3月期末には，1,315億円に達している。総資産の著しい増加により，自己資本比率は低下傾向にあるが，それでも2008年3月期末でも21.8％となっている。

　これらの財務の動きからは，同社では，売上高と棚卸資産の水増しの粉飾を大々的に行っていたことが疑われるような推移になっている。

3 株式会社アーバンコーポレイション

表10 （株）アーバンコーポレイション主要財務数値推移表

(単位：百万円)

	03／3	04／3	05／3	06／3	07／3	08／3	08／6
売　上　高	32,514	51,364	57,034	64,349	180,543	243,685	49,911
増　減　率	100.00	157.98	175.41	197.91	555.28	749.48	―
売上総利益	6,536	10,612	17,999	23,205	80,935	97,934	−24,817
（利　益　率）	20.10	20.66	31.56	36.06	44.83	40.19	―
経　常　利　益	3,438	4,813	9,480	10,678	56,398	61,677	−38,267
（利　益　率）	10.57	9.37	16.62	16.59	31.24	25.31	−78.24
当期純利益	1,904	2,670	6,456	7,869	30,039	31,127	−45,422
（利　益　率）	5.86	5.20	11.32	12.23	16.64	12.77	−92.87
売　上　債　権	3,133	3,429	2,682	4,196	2,609	2,333	2,007
（回転期間，月）	1.16	0.80	0.56	0.78	0.17	0.11	0.12
棚　卸　資　産	25,653	27,838	34,536	73,733	293,001	437,778	337,297
（回転期間，月）	9.47	6.50	7.27	13.75	19.47	21.56	20.69
共同事業出資金	9,596	10,646	12,636	21,761	18,936	37,358	35,919
（回転期間，月）	3.54	2.49	2.66	4.06	1.26	1.84	2.20
流動資産計	52,760	56,475	90,472	164,938	397,761	556,301	438,006
（回転期間，月）	19.47	13.19	19.04	30.76	26.44	27.39	26.87
有無形固定資産	1,370	5,880	7,210	13,418	22,323	26,209	24,321
（回転期間，月）	0.51	1.37	1.52	2.50	1.48	1.29	1.49
投　資　等	6,663	4,243	22,765	24,561	23,079	19,824	14,404
（回転期間，月）	2.46	0.99	4.79	4.58	1.53	0.98	0.88
資　産　計	60,793	66,598	120,551	202,991	443,304	602,566	476,922
（回転期間，月）	22.44	15.56	25.36	37.85	29.46	29.67	29.25
仕　入　債　務	3,806	9,816	252	7,631	7,049	12,689	6,438
（回転期間，月）	1.40	2.29	0.05	1.42	0.47	0.62	0.39
借　入　金	35,651	33,990	68,623	89,088	294,474	385,365	297,576
（回転期間，月）	13.16	7.94	14.44	16.61	19.57	18.98	18.25
純　資　産	14,349	16,685	35,456	66,638	103,111	131,517	78,408
（回転期間，月）	5.30	3.90	7.46	12.43	6.85	6.48	4.81
基　礎　資　金	50,000	50,675	104,079	155,726	397,585	516,882	375,984
（回転期間，月）	18.45	11.84	21.90	29.04	26.43	25.45	23.06
3要素総合残高	24,980	21,451	36,966	70,298	288,561	427,422	332,866
（回転期間，月）	9.22	5.01	7.78	13.11	19.18	21.05	20.42

第3章　含み益経営と逆粉飾

3　アーバンの財務分析

(1) 異常な売上増と利益率の上昇

アーバンでは，2003年3月期から2008年3月期までの5年間に，売上高が異常に増えているのは上述の通りなのだが，売上高売上総利益率（粗利益率）が2003年3月期の20.1％から年々上昇していて，2007年3月期には44.8％に達しているのも異常である。2008年3月期には40.2％に低下したが，それでも2004年3月期に比べると，著しく上昇している。

通常では，売上高が大幅に増加すると，粗利益率は低下するものなのだが，粗利益率が2倍以上も上昇しているのは異常である。同業他社と比べてみても，44.8％の粗利益率は異常に高い。

2008年に入って，同業の住宅等開発業者の倒産が続発したが，当社の粗利益率を他の住宅等開発関連業の倒産会社と比較すると，最高のスルガコーポレーションでも，平成19年3月期において21.8％であり，アーバンの利益率はずば抜けて高い。

2007年3月期では，売上高当期純利益率でも16.6％であり，純資産当期純利益率は29.1％の高率である。

(2) バブルに便乗して大発展－むしろ逆粉飾のケース？

以上のとおり，当社の損益や財務の動きやパターンからは，大規模粉飾が行われていたことが疑われるのだが，実際には粉飾ではなく，当時のバブルに便乗して，売上や資産を大幅に増やしたのが真相のようである。

粉飾どころか，大発展とともに抱え込んだ多額の不動産在庫が，実は，含み益を生んでいて，当社の更なる発展に寄与する関係にあり，粉飾というよりは，実質的には逆粉飾を行ったと同じ結果になっていたと思われる。

逆粉飾により在庫に含み益を隠した上で，含み益を吐き出しては高率の利益率を上げる逆粉飾―粉飾ミックス型のパターンと同じ結果になっている。

③ 株式会社アーバンコーポレイション

それが，バブルの崩壊により，これまでの異常な成長の結果がすべてマイナスに作用して，たちまちにして経営破綻したのである。

以下において，その辺の事情を調べてみる。

(3) バブルの崩壊に伴う倒産

アーバンの倒産と相前後して，スルガコーポレーション（2008年6月），ゼファー（同7月），Human 21，リプラス，ランドコム（いずれも同9月）などの住宅等開発会社の倒産が続いているが，いずれも2008年3月期の終わりか，2009年3月期の初頭にかけて売上高が大幅に減少し，期間損益も赤字に転落して倒産している。

表11は，アーバンの2007年3月期以降倒産直前の2009年3月期第1四半期までの各四半期について，売上高から経常利益までの，四半期ごとの3か月間の数値を並べた表である。

表11によると，アーバンでは四半期ごとの売上高などのばらつきが大きく，簡単には判断できないが，少なくとも2008年3月期の第3四半期までは，売上高は増加を続けていて，おおむね40％以上の売上高売上総利益率を上げている。

2008年3月期の第4四半期も売上高は増加しているが，当社の売上のパターンとして，例年，第4四半期に大きく伸びるようなので，この年度の第4四半期には売上高の伸び率がやや低下したことが窺われるし，利益率も多少低下し

表11 最近における四半期ごとの業績推移表 （単位：億円）

	2007年3月期				2008年3月期				2009年3月期
	I	II	III	IV	I	II	III	IV	I
売 上 高	148	355	189	1,114	875	397	355	809	499
売 上 総 利 益	116	108	78	508	372	126	160	321	−248
売上総利益率	78.4	30.4	41.2	45.6	42.5	31.7	45.1	39.7	−49.7
販 売 管 理 費	31	48	51	63	60	70	62	91	66
経 常 利 益	77	48	10	429	301	30	77	209	−383
棚卸資産残高	957	2,063	2,403	2,930	2,829	3,900	4,132	4,378	3,373

第3章 含み益経営と逆粉飾

ている。

　2009年3月期に入って，急に情勢が変わり，第1四半期の売上高はそこそこの水準を維持しているのに，売上総利益は大幅な赤字になっている。当時の一般的な景気情勢とあわせて考えると，これまでバブル状態で売上が伸びていたのが，2008年3月期の終わりころから，売上の鈍化現象が始まった。2009年に入って急激に景気が悪化して，バブルが終焉して，最悪の不況期に突入したものと解釈できる。そして当社では，売上が細り，販売単価も厳しくなって，大幅赤字を計上したものと解釈される。

　アーバンでは，当時の不動産バブルの気運に乗って，売上高を伸ばし，利益を稼いできたのだが，バブルの崩壊に伴い，たちまち売上が停滞し，資金繰りに詰まって倒産したと見られている。

4　棚卸資産回転期間の推移

(1) 棚卸資産の急増

　表10によりアーバンの倒産までの財務の動きを見ると，売上高の増加に伴い，それ以上のスピードで棚卸資産が増えている。

　表10以前の期間では，2000年3月期の棚卸資産回転期間は0.35か月と著しく短いのだが，共同事業出資金が棚卸資産などに投下されている模様なので，一概に棚卸資産が少ないとはいえない。しかしながら，この期末における総資産回転期間は15.1か月であり，住宅等開発会社としては，異常に高いというほどの水準でもない。

　2005年3月期から，総資産回転期間が大きく上昇し，翌2006年3月期には，棚卸資産の大幅上昇が加わり（棚卸資産回転期間は13.8か月だが，共同事業出資金も主に不動産取得のためのものなので，その回転期間4.06か月の大部分を加算する必要があると考えられる），総資産回転期間は37.9か月に達していて，本格的にバブルに汚染されたことが推定できる。

3 株式会社アーバンコーポレイション

　2007年3月期以降も，棚卸資産の増加は続いており，総資産も大幅に増えているが，売上高の増加スピードがそれ以上に速いので，総資産回転期間は29か月台に低下している。

(2) 資産（資金）の棚卸資産への集中化

　当社では，資産の棚卸資産への集中化現象が起きており，棚卸資産の総資産中に占める比率は年々上昇を続けており，2008年3月期には72.7％に達している。資産が棚卸資産に集中する現象は，この時期において他の住宅等開発会社に共通して見られる現象で，バブルに乗って，各社こぞって不動産在庫を買い進めたのだが，その際，在庫以外に投下した資金を引き上げてまで，在庫投資に投入したことが窺える(注1)。

　棚卸資産への投資が増えているし，棚卸資産への集中化が進んでいるために，売上債権や投資等は回転期間のみならず残高でも減少傾向が続いているし，有形・無形固定資産の回転期間も低下傾向が続いている。

　回転期間が上昇しているのは棚卸資産だけであり，他の資産の回転期間が低下傾向にあることから，棚卸資産以外ではむしろ，逆粉飾のパターンを示している。通常では，売上高の増加にしたがって資産残高も増加する。特に売上債権残高などのように，売上高との関係が密接な資産では，回転期間が売上高の増減とは無関係に一定値を保つのが普通である。

　それが，当社の場合のように，2003年3月期の1.2か月から，2008年3月期には0.1か月に低下しているのは異常であり，売上高が粉飾により水増しされているか，売上債権の一部が，逆粉飾により隠蔽されているかが疑われるのである。

　ただ，倒産した住宅等開発業者では，大部分の会社で売上債権が著しく短いことから，不動産ファンドにプロジェクトを一括して販売して，ごく短期間に現金で回収する取引が多いために，このような結果になっていることも推察される。あるいは，個人のエンドユーザーに住宅を分譲する場合でも，住宅ローンにより，売上時には全額の代金を回収していることにもよると考えられる。

資金調達面でも，借入金に対する依存度が年々高まっている。純資産と借入金の合計を基礎資金と呼ぶことにすると，基礎資金への依存度が89.5%に達していて，基礎資金による資金調達が極めて多い。逆の面からいうと，仕入債務や未払金などによる資金調達が極めて少ないことから，通常の事業活動などあまり行っていないことが推定できる。

棚卸資産以外にはほとんど資金を使わず，金のかかる営業活動をあまり行っていない様子なのに，高い売上高の伸び率が続いており，40%を超える高率の売上総利益率を上げている。

5　高い利益率の秘密

アーバンの利益率が驚異的なほどに高いのは，アーバンが保有する棚卸資産に秘密があるようだ。

アーバンの中心的業務は「不動産流動化事業」であるが，アーバンによると，「不動産流動化事業」を，"あらゆる角度から，他にない価値を創造すること"と定義している。

そして「実績の違いは，その発想と実現力から生まれています」との前置きのもとに，次のように説明している。

「一般的な流動化ビジネスは，資産価値の低下した不動産を取得して金融商品化・証券化し，転売することで差益を得るもの。バブル崩壊後の不動産価格の下落に対する反発と，新しい不動産投資市場の成長過程によって成立していました。しかし，不動産価格が適正値に近づきつつある今となっては，もはや通用しません。普及・拡大した市場は既に，価値ある商品をシビアに選別する時代に変わっています。いち早く流動化ビジネスに参入した私たちは，その当初から，不動産価値創造を標榜し，実践してきました。例えばビルの側面に観覧車を設置するなど大胆な発想と手法で，新しい商品価値を生み出すのが，私たちの流動化事業。一般には難しい開発型証券化を得意とし，

市場に受け入れられているのも，価値創造の実績があるからです」（アーバンのホームページより）

　大胆な発想と手法で新しい商品価値を生み出し，不動産の価値を創造することによって高い利益率を獲得できるということになる。このようにして生み出された高い付加価値を上乗せされた不動産在庫を多額に保有したことに，当社の高収益性の秘密があったようだ。

　商品に高い付加価値をつけて，高い売上総利益率を上げるのであれば，在庫にも高い付加価値が上乗せされている可能性が高い。その在庫を販売して高い利益率の利益を獲得するのである。

　商品に付加価値をつけるには，経験やすぐれたアイデアなどが必要なことはいうまでもないが，やはり相応におカネを使うことも必要と考えられる。当社では，どのような形で付加価値を生み出しているのかに疑問があるが，いずれにしても当社では，棚卸資産の付加価値を上げて，含み益を棚卸資産に蓄積しているということができる。

　他の資産への投資は極力控えて，あるいは，控えるどころか，むしろ，他の資産への投下資金を引き上げて，棚卸資産を増やし続けたのである。

　その意味では一種の含み益経営である。

　アーバンや他の同業者が，競って棚卸資産を増やしたのは，販売能力を超えて在庫を持ったのか，あるいは，逆粉飾的発想で，含み益を将来に持ち越すためのものであったのかは分からないが，結果として，バブル崩壊により，含み益が含み損に転化し，含み損が急激に大きく膨らんだ結果，当社を倒産にまで追いやったことが推察できる。

6　含み益が一転して含み損に

　平成20年9月29日に民事再生法の適用を申請した東証2部上場のランドコム株式会社では，平成20年12月期の半期報告書は公表していないが，中間期にお

第3章　含み益経営と逆粉飾

いて棚卸資産評価損124億円を特別損失に計上したことを発表している。

この金額は平成19年12月期における棚卸資産残高40,424百万円の30.7%に当たる。この時期に倒産した住宅等開発業者の多くは，多額の棚卸資産評価損の計上により，債務超過かそれに近い状態になって倒産したものである。

ランドコムと同時期またはその後に倒産した住宅等開発関連会社でも，ダイア建設では倒産前に15%程度の棚卸資産評価損を計上することを発表していたし，アゼルでは16.6%程度の評価損を計上しているなど，10～20%程度の棚卸資産評価損を計上している会社が多い。ＡＤＲ制度により再建を図っている株式会社コスモスイニシアや株式会社日本エスコンでも，多額の棚卸資産評価損を計上しているし，倒産会社以外では，株式会社プロパストや株式会社アルデプロでも同様である。ランドコムよりも低率ではあるが，各社ともに，債務超過になるのを防ぐために，評価損を低めに計上していることも疑われる。

アーバンは，バブル崩壊後の早い時期に倒産したために，棚卸資産の評価損は計上していないが，倒産の原因が棚卸資産の大幅値下がりにより，実質自己資本が大幅に減少したことと，販売不振による赤字計上，及びそれに伴う資金繰りの悪化にあったことは間違いのない事実である。

バブルが盛んな時期には含み益資産であった棚卸資産が，バブル崩壊とともにたちまち含み損資産に変化したことが推察される。ランドコムの例が，そのままアーバンにも当てはまるとして，平成21年3月期の第1四半期末の在庫残高3,373億円の30%が含み損になっていたとすると，含み損の金額は1,000億円を超えていて，当四半期末の純資産額784億円は，実質的には200億円以上の債務超過であったことになる。あるいは，アーバンでは，棚卸資産について23.3%の評価損を計上すると債務超過になる。

アーバンでは，大胆な発想と手法で新しい商品価値を生み出し，不動産の価値を創造することによって高い利益率を獲得できたということを文字通りに受け取ると，棚卸資産には多額の含み益が付加されていることが推察される。平成20年3月期における売上総利益率40.2%の約半分の20%が，在庫に上乗せされた含み益の実現したものであったとすると，同期末における在庫の含み益合

計は675億円となる。

675百万円の含み益が，バブル崩壊により，短期間のうちに債務超過か，それに近い状態に転化したのである。

7　三菱地所株式会社との比較

次に，不動産業の雄である三菱地所株式会社と比較する。表12は三菱地所の2003年3月期から2009年3月期までの7年間の主要財務数値の推移表である。

両社は業種が必ずしも一致するわけではないし，規模からも，社歴からも大きく違うのだが，三菱地所では，固定資産中の土地をも含めると，不動産の保有金額が著しく多額で，回転期間が著しく高い。総資産及び借入金も著しく多く，これらの回転期間が異常に高い点で，両社が共通しているので，比較の対象に上げた。

両社の大きな違いは，三菱地所では，固定資産の土地に膨大な含み益を擁していて，含み益経営の典型的な例であるのだが，アーバンの含み益がバブルの産物であるのに対して，三菱地所のそれは，長年にわたる保有の成果であって，基盤が違うことである。

また，バブルの産物である含み益は，バブル崩壊に伴い簡単に含み損に転化する危険性が高いが，三菱地所の含み益は，含み益が膨大なので，たとえ地価が暴落しても，含み益の一部が減るだけで，含み損などに転化することは，現在の経済情勢からは考えられないことである。

不動産の多くは賃貸に供していて，バブルが崩壊しても一定の収入があり，業績が比較的安定していることも大きな差異点である。

アーバンでは株価PBRは，2005年3月期から2007年3月期までは3倍を超えていて，株価には含み益が相当に読み込まれていたようである。

三菱地所では，2006年3月期から2007年3月期までは上昇が続いていて，最初はPBRはアーバンには及ばなかったが，2007年3月期にはアーバンを追い

第3章 含み益経営と逆粉飾

表12 三菱地所（株）主要財務数値推移表 （単位：百万円）

	03／3	04／3	05／3	06／3	07／3	08／3	09／3
売　上　高	681,726	679,918	775,381	844,217	947,641	787,652	942,646
売上総利益	143,621	149,688	168,424	193,828	228,303	236,196	214,623
（利　益　率）	21.07	22.02	21.72	22.96	24.09	29.99	22.77
販売管理費	47,597	45,438	50,190	56,213	62,137	58,213	76,056
経常利益	66,978	78,701	93,675	121,236	151,674	162,061	108,624
当期純利益	36,039	34,989	36,245	55,825	97,662	86,963	45,423
売上債権	55,472	60,497	75,063	63,763	33,912	37,063	28,949
（回転期間、月）	0.98	1.07	1.16	0.91	0.43	0.56	0.37
棚卸資産	240,252	276,445	263,566	305,800	300,180	602,824	600,533
（回転期間、月）	4.23	4.88	4.08	4.35	3.80	9.18	7.64
流動資産計	512,498	555,799	605,590	728,679	738,568	1,141,385	1,175,139
（回転期間、月）	9.02	9.81	9.37	10.36	9.35	17.39	14.96
有無形固定資産	2,196,045	2,143,277	2,160,928	2,051,319	2,213,470	2,780,918	2,962,199
（回転期間、月）	38.66	37.83	33.44	29.16	28.03	42.37	37.71
（内　土　地）	1,355,159	1,341,932	1,365,524	1,293,186	1,414,754	1,564,953	1,840,117
（回転期間、月）	23.85	23.68	21.13	18.38	17.92	23.84	23.42
投　資　等	299,383	369,763	357,994	500,210	495,233	404,834	291,731
（回転期間、月）	5.27	6.53	5.54	7.11	6.27	6.17	3.71
資　産　計	3,007,927	3,068,842	3,124,514	3,280,209	3,447,272	4,327,137	4,429,070
（回転期間、月）	52.95	54.16	48.36	46.63	43.65	65.92	56.38
仕入債務	68,968	59,270	82,192	85,502	72,301	114,780	101,450
（回転期間、月）	1.21	1.05	1.27	1.22	0.92	1.75	1.29
借　入　金	1,227,521	1,211,886	1,198,369	1,007,758	1,012,586	1,645,405	1,831,732
（回転期間、月）	21.61	21.39	18.55	14.32	12.82	25.07	23.32
純　資　産	839,953	897,499	920,930	1,133,623	1,262,908	1,347,295	1,274,999
（回転期間、月）	14.79	15.84	14.25	16.11	15.99	20.53	16.23
（自己資本比率）	27.92	29.25	29.47	34.56	36.63	31.14	28.79

越して，3.83倍になっている。

　2008年3月期には，アーバンでは，ＰＢＲは前年度の18％の0.64倍に低下しているのに，三菱地所でもＰＢＲは低下したものの，前年度の58％の2.23倍を維持している。

　アーバンの株価は，含み益の増減に伴って上下しており，株価と含み益との間にある程度の相関関係があるとすると，含み益は株価の評価の重要材料に

3 株式会社アーバンコーポレイション

なっていたことが推察できる。

　両社ともに借入金が多いのだが，三菱地所では長期借入金が多く，その返済期間も長いのに対して，アーバンでは，大部分を短期借入金で調達していることである。

　表13はアーバンと三菱地所の最近3年間における種類別借入金の推移を示した表である。

表13　アーバン，三菱地所の資金繰り比較表　　（単位：百万円）

	アーバン			三菱地所		
	06／3	07／3	08／3	06／3	07／3	08／3
短 期 借 入 金	55,933	152,931	179,658	49,118	98,023	66,131
1年内返済長借				71,931	42,944	161,418
1年内返済社債	5,843	15,776	15,086	45,645	50,980	43,587
社　　　　　債	1,512	35,588	33,624	446,686	415,000	540,000
転　換　社　債			27,000			
長 期 借 入 金	26,400	90,179	152,473	394,328	456,619	834,269
長期借入金調達額	31,362	83,650	143,642	52,347	119,922	248,925
長期借入金返済額	19,028	67,561	102,548	68,305	123,524	78,410
社 債 調 達 額	6,631	36,314	57,139	40,196	21,974	140,612
社 債 償 還 額	240	9,843	38,524	77,361	33,077	51,997

　表13によると，三菱地所の借入金は，ほとんどが社債または長期借入金によるものであり，短期借入金は2008年3月期の残高で見ると，全体の4％に過ぎないし，返済額から推定すると長期借入金の返済期間は10年程度の長いものである。

　これに対して，アーバンでは，2008年3月期末における短期借入金の比率は全体の46.6％になるし，長期借入金の返済期限も1～2年であることが推察できる。

　借入金の返済財源は，借り換えがなければ，基本的には利益プラス減価償却費の合計額である。

　三菱地所では長期借入金の年間返済額は，最大の2007年3月期でも社債とあわせても1,566億円であり，2008年3月期の当期純利益870億円に569億円の減

価償却費の合計額1,439億円で92％分の返済ができる。

これに対してアーバンでは，2008年3月期の長期借入金と社債の返済合計は1,041億円であり，同年における当期純利益311億円に減価償却費とのれん償却費の合計の38億円を足しても349億円であり，返済額の3分の1に過ぎない。

アーバンの2008年3月期の損益には，貸倒損失や評価損益などの非資金損益があまり含まれていないので，当期純損益が殆どそのままキャッシュ・フローになっていることが予想される。したがって，短期借入金はすべて借り換えで調達できたとしても，利益が最高であった2008年3月期においても，理論的には，長期借入金などの返済資金が年間70億円ほど不足し，新規に借入れするか，在庫を販売しない限り資金不足が生じることになる。

業績が最高のときでもこの通りなので，バブルが弾けて，業績が低下すると，返済資金はさらに不足することになるし，信用低下により借入金の借り換えが困難になる。在庫を販売するにしても，市場が冷え切っていて販売が困難だし，無理をして売れば大きな損失が出て，信用がさらに低下する。

8　倒産への道

三菱地所とは違って，アーバンではバブルに乗って実力以上の借金をして在庫を増やしたものである。バブルの最盛期には不動産を購入して，多少手を加えれば付加価値がつき，販売すれば大きな利益が出るし，当時では金融機関も多額の融資を行ったので，資金返済能力，販売能力を超えて膨大な在庫を持つに至った。

バブルが続いている限り，銀行やファンドは融資をしてくれるので，資金繰りの心配はなかった。それが，バブルの崩壊により，売上が鈍化するし，不動産の相場が下落して，大幅に値下げしない限り，在庫の販売が困難になっている。金融が詰まって，これまでのように借り換えが思うにまかせなくなったし，貸しはがしまで始まると，在庫を売って資金を作るしかないが，無理をして在

3　株式会社アーバンコーポレイション

庫を販売すれば大きな売却損がでて，当期純損失が増える結果，場合によっては債務超過に至る。

売れば損失が膨らんで信用が低下し，倒産する可能性があるし，売らなければ資金繰りに詰まって倒産するで，どちらにしても地獄の状態に陥る。

9　まとめ

アーバンの含み益はバブルの産物であり，バブルが崩壊すれば，文字通り泡のように消えてしまう性質のものである。古くから所有する土地の時価が上昇して，多額の含み益を保有するに至った三菱地所の例は，貨幣価値の大変動と，経済の構造変化に伴う産物であり，バブルによる一時的な現象とは性格が全く違う。したがって，バブル汚染企業については，外部の利害関係者は，バブルの最盛期においても，含み益を評価せずに，公表された業績だけで評価するべきである。

同業他社よりもずば抜けて高い利益率を上げているのには，粉飾などがあって，実際には，公表値では，利益が大幅に水増しされている危険性もある。同時期に倒産した同業者のスルガコーポレーションでは，暴力団を使って地上げをしていたことが判明しているが，当社についても，高い利益率の裏には，何か特殊な事情のあったことも推察できる。

バブルはそれほど遠くない時期に必ず崩壊するものだから，バブルが崩壊したときのことを考えて，含み損要素として評価することも必要になる。当事者はバブルが続く間に，できるだけ多くの利益を稼いでおくのが本心であり，バブルの崩壊前には，在庫を売り抜けるつもりでいても，誰にもバブルの崩壊の時期など正確には予想はできない。

今回のバブルの崩壊のように，急激に不況に突入した場合には，在庫処分に取り掛かったときには手遅れであり，大きな含み損を持つことになる。

今回のバブルの時代に大量の在庫を持った住宅等開発会社で，バブル崩壊前

第3章　含み益経営と逆粉飾

にうまく在庫を売り抜けた会社は皆無であると思われる。そのため，平成20年に入ってから，これら業者の倒産が相ついだし，現在生き残っている業者で，バブルに汚染された企業では，在庫についての多額の評価損を計上して，債務超過か，債務超過すれすれのところにまで来ているし，株価のＰＢＲは0.1倍以下に低下している企業もある。

　バブルは必ず崩壊するものであり，バブルに汚染された企業は，バブル崩壊とともに倒産する確率が極めて高い。その上，誰もがバブル崩壊を正確には予想できないとすると，これら企業との取引先は，バブル崩壊の前に，倒産を予想して，取引金額を大幅に減らすとか，全面的に取引を中止撤退するなどの処置をとる必要がある。

　バブル崩壊前といっても，崩壊の時期を正確には予想ができないのだから，バブルに著しく汚染されたと認められた時点などで，取引中止などの処置をとるべきである。

　そこで，外部の利害関係者は，分析対象会社がバブルに汚染されているか否かを，どのようにして判断するかが問題になる。

　住宅等開発関連企業では，特に，大型合併やＭ＆Ａを行ったなどの，特殊な事情がないのに，売上高が４年間に２倍程度以上になり，棚卸資産及び借入金回転期間が８～９か月程度を超えており，資産の棚卸資産への資産集中度が70％を超えた状態などを基準にして判断できると思う(注2)。

　バブル崩壊後，不動産在庫の時価がすぐに30％程度値下がりすると仮定すると，棚卸資産残高が

　　　　純資産÷0.3

を超える点が，その時々の純資産を食いつぶして，債務超過になる分岐点の在庫量である。この分岐点を超えた時点をバブルに汚染された状態と定義することもできよう。

　いずれにしても，在庫の販売が思うにまかせなくなり，資金繰りが逼迫するのに，金融機関の貸し渋りが始まることを考慮に入れると，バブルが弾けた時点では手遅れで，上記のようなバブル汚染が明らかになった時点で，取引から

3 株式会社アーバンコーポレイション

の撤退や，株式の売却などの意思決定をすることが望まれる。

（注1，2） 拙著「黒字倒産と循環取引」

4 トヨタ自動車株式会社

1 本田技研工業株式会社との比較

　いかに多額の含み益を持っていても，当期純利益の赤字が続けば，やがては含み益を食いつぶし，さらには純資産を食いつぶして経営破綻に至る。また，含み益でも，バブルの産物の含み益では，バブルの崩壊によって，含み益が含み損に変わる可能性が大であることを，アーバンコーポレイションの例で見てきた。

　そこで，次には，2008年３月期までは膨大な利益を上げ，内部留保のみならず，含み益を増やしてきたことが推察されるトヨタ自動車株式会社を取り上げたい。ただ，トヨタ自動車株式会社を取り上げたからといって，トヨタ自動車で逆粉飾が行われていたとか，その疑いがあるということではないので，ご注意願いたい。

　表14はトヨタ自動車株式会社（以下，トヨタという）の2000年３月期から2009年３月期までの主要財務数値の年度別の推移表である。

4 トヨタ自動車株式会社

表14 トヨタ自動車(株)主要財務数値推移表 (単位:10億円)

	00/3	01/3	02/3	03/3	04/3	05/3	06/3	07/3	08/3	09/3
売　上　高	12,880	13,424	15,106	16,054	17,295	18,552	21,037	23,948	26,289	20,530
(売上伸率)	100.00	104.22	117.28	124.64	134.28	144.04	163.33	185.93	204.11	159.39
営 業 利 益	797	972	1,114	1,464	1,667	1,672	1,878	2,239	2,270	−461
当期純利益	407	471	615	945	1,162	1,171	1,237	1,644	1,718	−437
(当期利益率%)	3.16	3.51	4.07	5.89	6.72	6.31	5.88	6.86	6.54	6.79
売 上 債 権	1,311	1,363	1,562	1,583	1,532	1,616	1,981	2,024	2,040	1,393
(回転期間, 月)	1.22	1.22	1.24	1.18	1.06	1.05	1.13	1.01	0.93	0.81
金 融 債 権	2,841	3,599	4,526	4,989	5,852	6,987	8,327	9,731	10,276	9,547
(回転期間, 月)	2.65	3.22	3.60	3.73	4.06	4.52	4.75	4.88	4.69	5.58
棚 卸 資 産	824	919	1,023	1,073	1,083	1,307	1,621	1,804	1,826	1,459
(回転期間, 月)	0.77	0.82	0.81	0.80	0.75	0.85	0.92	0.90	0.83	0.85
有形固定資産	4,868	4,746	5,438	5,507	5,355	5,796	7,067	8,061	7,812	7,402
(回転期間, 月)	4.54	4.24	4.32	4.12	3.72	3.75	4.03	4.04	3.57	4.33
投資その他	3,530	4,085	5,438	4,211	4,608	5,122	6,100	7,035	6,585	4,706
(回転期間, 月)	3.29	3.65	4.32	3.15	3.20	3.31	3.48	3.53	3.01	2.75
資 産 計	16,469	17,519	1,483	20,742	22,040	24,335	28,732	32,575	32,458	29,062
(回転期間, 月)	15.34	15.66	1.18	15.50	15.29	15.74	16.39	16.32	14.82	16.99
仕 入 債 務	1,307	1,316	5,752	1,582	1,709	1,857	2,087	2,212	2,213	1,299
(回転期間, 月)	1.22	1.18	4.57	1.18	1.19	1.20	1.19	1.11	1.01	0.76
借 入 金	4,468	4,461	7,325	7,265	7,561	8,548	10,397	10,843	12,210	11,619
(回転期間, 月)	4.16	3.99	5.82	5.43	5.25	5.53	5.93	5.43	5.57	6.79
純 資 産	6,797	7,115	36.83	7,460	8,179	9,045	10,560	11,836	11,870	10,061
(回転期間, 月)	6.33	6.36		5.58	5.67	5.85	6.02	5.93	5.42	5.88
(自己資本比率)	41.27	40.61		35.97	37.11	37.17	36.75	36.33	36.57	34.62

　表15は,トヨタとの比較のために,業界2位の本田技研工業株式会社(以下,ホンダという)についての,同様の数値の推移を示した表である。

第3章　含み益経営と逆粉飾

表15　本田技研工業（株）主要財務数値推移表　（単位：10億円）

	00/3	01/3	02/3	03/3	04/3	05/3	06/3	07/3	08/3	09/3
売　上　高	6,039	6,464	7,362	7,971	8,163	8,650	9,908	11,087	12,003	10,011
（売上伸率）	100.00	107.04	121.91	131.99	135.17	143.24	164.07	183.59	198.76	165.77
営業利益	426	407	639	725	600	631	731	851	953	190
当期純利益	262	232	363	427	464	481	597	592	600	137
（当期利益率％）	4.34	3.59	4.93	5.36	5.68	5.56	6.03	5.34	5.00	1.37
売上債権	391	441	452	444	688	791	963	1,055	1,022	854
（回転期間、月）	0.78	0.82	0.74	0.67	1.01	1.10	1.17	1.14	1.02	1.02
金融債権	732	1,305	1,809	1,098	950	1,021	1,231	1,183	1,341	1,172
（回転期間、月）	1.45	2.42	2.95	1.65	1.40	1.42	1.49	1.28	1.34	1.40
棚卸資産	568	621	644	752	765	862	1,036	1,183	1,199	1,244
（回転期間、月）	1.13	1.15	1.05	1.13	1.12	1.20	1.25	1.28	1.20	1.49
有形固定資産	1,121	1,255	1,390	1,394	1,436	1,584	1,815	2,079	2,201	2,148
（回転期間、月）	2.23	2.33	2.27	2.10	2.11	2.20	2.20	2.25	2.20	2.57
投資その他	389	376	395	413	541	615	707	742	772	639
（回転期間、月）	0.77	0.70	0.64	0.62	0.80	0.85	0.86	0.80	0.77	0.77
資産計	4,895	5,667	6,941	7,681	8,329	9,317	10,631	12,037	12,616	11,819
（回転期間、月）	9.73	10.52	11.31	11.56	12.24	12.93	12.88	13.03	12.61	14.17
仕入債務	697	820	841	831	911	1,014	1,132	1,167	1,054	706
（回転期間、月）	1.38	1.52	1.37	1.25	1.34	1.41	1.37	1.26	1.05	0.85
借入金	1,414	1,553	2,060	2,322	2,616	2,864	3,230	3,947	4,395	4,617
（回転期間、月）	2.81	2.88	3.36	3.50	3.85	3.97	3.91	4.27	4.39	5.53
純資産	1,930	2,230	2,574	2,630	2,874	3,289	4,126	4,483	4,544	4,007
（回転期間、月）	3.84	4.14	4.20	3.96	4.22	4.56	5.00	4.85	4.54	4.80
（自己資本比率）	39.43	39.35	37.08	34.24	34.51	35.30	38.81	37.24	36.02	33.90

　表14，15の売上高下行の売上伸び率は，2000年3月期の売上高を100としたときの各年度売上高の指数であり，当期純利益下行の当期利益率は，売上高当期純利益率である。貸借対照表項目の各数値の下行には月単位の回転期間を示してある。

　両社では，2004年3月期以降は米国基準によって財務諸表を作成している。したがって，表13，表14は，2003年3月期までは日本基準，2004年3月期以降は米国基準により作成された財務諸表の数値である。

　規模については，2008年3月期において，売上高ではトヨタはホンダの2.2

倍だが，総資産ではホンダの2.6倍である。その結果，総資産回転期間では，トヨタは14.8か月であり，12.6か月のホンダよりも17.5％長くなっている。また，借入金もホンダの2.8倍であり，資産運用の効率や資金構造の面ではトヨタが劣っている。

当期純利益では，2008年3月期において，ホンダの2.9倍の1兆7,180億円を稼いでいて，資産効率などの悪条件を跳ね返して，収益性ではホンダを大幅に上回っている。

トヨタではホンダよりも多額の資金を投入して，高い収益を上げていることが窺えるのだが，使用資金が多い分だけリスクを多く抱えていることになる。リスクとチャンスは裏腹の関係にある。リスクは含み損に繋がるし，チャンスは含み益に繋がる可能性がある。

2　損益指標の推移

両社ともに2008年3月期までは売上高も営業・当期純利益も右肩上がりで伸びており，売上高伸び率，利益率ともに，両社間に大きな差がないが，トヨタの方が僅かではあるが高率である。

2009年3月期には，両社ともに売上高，営業・当期純利益ともに下降に転じたのだが，トヨタの方が下落率が大きく，トヨタでは当期純損益が赤字に転落している。

2008年3月期までを見ると，トヨタではホンダよりも高率の減価償却費を負担しているが，それでも，各種利益率はホンダを上回っている。多額の資金を投入していることが，カイゼン努力による高い効率性にも支えられ，2008年3月期までは収益性向上にはプラスに作用していたのだが，売上高の下降時には逆に働いたことが推察される。

第3章　含み益経営と逆粉飾

3　資産・負債・純資産残高の推移

　貸借対照表項目については，全期間を通じて，トヨタでは総資産回転期間が長く，最長期の2006年3月期には16.4か月になっていて，ホンダよりも3.5か月間も長い。これは，主にトヨタでは金融債権と固定資産が多いことによる。金融債権は除いて，固定資産での差の原因を調べてみる。

　表16は，トヨタ，ホンダ両社の償却資産の2003年3月期から2008年3月期までの7年間の残高推移を示した表である。なお，償却資産とは有形固定資産中の減価償却を要する資産のことであり，取得価額，減価償却累計額，帳簿価額の順に並べてある。右端列には6年間の平均値を記載してある。

表16　償却資産推移表　　　　　　　（単位：10億円）

	03／3	04／3	05／3	06／3	07／3	08／3	平均値
①トヨタ							
売上高	16,054	17,295	18,552	21,037	23,948	26,289	20,529
取得価額	11,588	11,989	12,661	14,245	15,939	15,774	13,699
（回転期間，月）	8.66	8.32	8.19	8.13	7.99	7.20	8.32
減価償却累計	7,932	8,008	8,263	8,791	9,461	9,584	8,673
（回転期間，月）	5.93	5.56	5.34	5.01	4.74	4.37	5.27
（償却進捗率％）	46.09	49.71	53.23	62.04	68.47	64.59	63.31
帳簿価額	3,656	3,981	4,398	5,454	6,478	6,190	5,026
（回転期間，月）	2.73	2.76	2.84	3.11	3.25	2.83	3.05
②ホンダ							
売上高	7,971	8,163	8,650	9,908	11,087	12,003	9,630
取得価額	2,966	3,041	3,292	3,712	4,310	4,532	3,642
（回転期間，月）	4.47	4.47	4.57	4.50	4.66	4.53	4.54
減価償却累計	1,987	2,009	2,169	2,397	2,865	3,016	2,407
（回転期間，月）	2.99	2.95	3.01	2.90	3.10	3.02	3.00
（償却進捗率％）	66.99	66.06	65.89	64.57	66.47	66.55	66.09
帳簿価額	979	1,032	1,123	1,315	1,445	1,516	1,235
（回転期間，月）	1.47	1.52	1.56	1.59	1.56	1.52	1.54

4 トヨタ自動車株式会社

　トヨタでは，償却資産の取得価額による合計額の回転期間は，6年間の平均値で8.3か月であり，ホンダの4.5か月に比べ3.8か月も長い。減価償却累計額はトヨタの5.3か月に対してホンダは3.0か月であり，トヨタの方が2.3か月だけ長い。その結果，償却資産の帳簿価額ではトヨタがホンダよりも1.4か月だけ長くなっている。また，売上高減価償却費率の平均値は表17に示したとおりトヨタの5.6％に対して，ホンダはその約半分の3.0％である。

　表17は，トヨタ，ホンダ両社のキャッシュ・フロー計算書による営業ＣＦと投資ＣＦの，2003年3月期から2008年までの6年間の推移表であり，営業ＣＦの下には内数としての減価償却費を記載し，投資ＣＦの下には設備投資支出額を記載してある。

表17　営業・投資ＣＦ推移表　　　　　　　（単位：10億円）

	03／3	04／3	05／3	06／3	07／3	08／3	平均値
①トヨタ							
売上高	16,054	17,295	18,552	21,037	23,948	26,289	20,529
営業ＣＦ	1,329	2,283	2,371	2,515	3,238	2,982	2,453
（対売上高比率）	8.27	13.20	12.78	11.96	13.52	11.34	11.95
内減価償却費	852	970	998	1,211	1,383	1,491	1,151
（対売上高比率）	5.31	5.61	5.38	5.76	5.78	5.67	5.61
投資ＣＦ	−1,386	−2,313	−3,061	−3,376	−3,814	−3,875	−2,971
（対売上比率）	−8.63	−13.37	−16.50	−16.05	−15.93	−14.74	−14.47
内設備投資額	−1,013	−946	−1,068	−1,523	−1,426	−1,481	−1,248
（対売上高比率）	−6.31	−5.47	−5.76	−7.24	−5.95	−5.63	−6.08
②ホンダ							
売上高	7,971	8,163	8,650	9,908	11,087	12,003	9,630
営業ＣＦ	713	675	747	581	905	1,127	791
（対売上高比率）	8.94	8.27	8.64	5.86	8.16	9.380	8.21
内減価償却費	221	213	226	262	362	418	284
（対売上高比率）	2.77	2.61	2.61	2.64	3.27	3.48	2.95
投資ＣＦ	−1,074	−967	−808	−700	−1,131	−1,686	−1,061
（対売上比率）	−13.47	−11.85	−9.34	−7.06	−10.20	−14.05	−11.02
内設備投資額	−317	−288	−374	−460	−598	−668	−451
（対売上高比率）	−3.98	−3.53	−4.32	−4.64	−5.39	−5.57	−4.68

第3章　含み益経営と逆粉飾

　ここで，設備投資支出額とは，有形固定資産購入のための支出額をいう。有形固定資産購入支出額はすべてが設備投資支出額とは限らないが，単純化のために設備投資支出額としてある。有形固定資産には，無形固定資産をも含んでいるものと推察される。

　トヨタでは，平均して売上高の12.0％の営業ＣＦを稼いでいて，これはホンダの8.2％よりも3.8ポイント多い。両社ともに営業ＣＦを上回る投資ＣＦを支出していて，トヨタの投資ＣＦの売上高に占める比率は14.5％であり，ホンダの11.0％より3.5ポイント高い。

　トヨタは高い収益力により，ホンダよりも高率の営業ＣＦを創出しているが，それがそのまま投資ＣＦ支出額の差となって現れており，トヨタでは高い営業ＣＦ創出力を背景に，投資に，より多くの資金を投入している。有形固定資産だけでみると，年間の設備投資平均額の売上高に占める比率は，トヨタの6.1％に対して，ホンダの4.7％である。トヨタはホンダよりも高い率の設備投資を実行していることになる。

　トヨタでは，より高度の設備を使用しているために，より多くの営業ＣＦを稼ぎ，より多くの減価償却費を負担できるのか，あるいは，収益性が高い分だけ，より多くの設備投資ができるのか，のいずれであるかは分からないが，結果として，有形固定資産への投資が多い分だけ，償却資産が多くなり，その結果，減価償却費の対売上高比率が高くなっている。

4　含み損益の推定

　トヨタでは，設備投資に注力し，年間の営業ＣＦの50.9％を設備投資に投入している結果，有形固定資産は増加を続けているが，売上高の伸びが激しいために，取得価額による有形固定資産回転期間は，2003年3月期の8.7か月から2008年3月期には7.2か月に低下している。減価償却進捗率は年度ごとに上昇して，2003年3月期の46.1％から2008年3月期には64.6％へと，18.5ポイント

4 トヨタ自動車株式会社

上昇している。

　減価償却進捗率は設備全体の新旧にも影響されるが，今，単純に，トヨタの設備の平均年齢や，平均余命などが，各年度において変化がないと仮定すると，この進捗率の増加は含み益の増加と考えられる。

　上記の減価償却進捗率の上昇分18.5ポイントを，2008年3月末における取得価額による償却資産残高15兆7,740億円により金額に換算すると2兆9,180億円であり，2008年3月期末には，償却資産に2兆9,180億円程度の含み益が蓄積された可能性がある。

　ただしこれは，設備投資が充分な稼働率を上げていることが条件になるが，取得価額による回転期間が低下傾向にあることから，稼働率が低下していることが推察される。

　さらに，2009年3月期には売上高は，2008年3月期の78.1%の20兆5,300億円に低下している。

　2008年3月期の稼働状況を100%とすると，2009年3月期には設備の稼働は78.1%に低下していて，21.9%の低下となる。今後，売上高は20兆5,300億円程度で推移するならば，設備投資の21.9%が過剰であり，含み損になることを意味する。

　設備の21.9%の金額が含み損になっているとすると，含み損の金額は1兆3,556億円から3兆4,545億円までの金額になる。1兆3,556億円は，廃棄を要する設備の年齢が平均的なものであるとして，帳簿価額総額の21.9%が含み損であるとした金額であり，3兆4,545億円は，未償却の新設設備を廃棄するとした場合の廃棄損失額である。

　トヨタでは，2009年3月期までのところ，大幅な減損損失を計上していないし，多額の引当金も計上していない。

　しかし，米国でのGMとの合弁会社NUMMIについて，GMの撤退により，操業度がさらに低下することが予想されるので，トヨタとしても撤退を含めた大リストラ策の実行が必要になっているとのことであり，これらを含め，トヨタの今後の対応が注目される。

第3章 含み益経営と逆粉飾

ただし，今後，工場の閉鎖などにより，整理損失を計上する場合でも，これまでの減価償却の実施により蓄積してきた含み益が，実質的な損失の引当てになっていることが考えられ，一定の範囲までの設備廃棄や減損損失の計上なら，含み益が消滅するだけで，実質的な損失にはならないことも考えられる。

また，減損損失は，設備廃棄・除却損などとは違って，全く価値が喪失したわけではないことに注意する必要がある。減損処理したときの見通しが厳しすぎて，将来，需要が回復して，設備の稼働が上昇した場合には，減損損失が生き返って，含み益になる可能性もある。

トヨタでは，投資有価証券も大きく増えている。投資有価証券の多くは国債をはじめとする公社債と持合株式であり，持合株式については，株価の変動により，多額の含み益か含み損を生じることが予想される。ただし，ここでは，投資有価証券のことは無視している。

5　ホンダの場合

ホンダでは，減価償却進捗率が7年間を通じて66％前後で安定しており，減価償却による含み損の増減は僅かである。

帳簿価額による償却資産回転期間は1.5か月程度で安定しており，7年間を通して，設備金額は売上高に見合って推移している。

ただ，ホンダでも2009年3月期には売上高が前年度比16.6％低下して，10兆11億円になった結果，同年度における帳簿価額による償却資産回転期間は1.82か月に跳ね上がった。2010年3月期には売上高はさらに低下して，2008年3月期の売上高に比べ30.3％減の8兆3,700億円にまで低下する見通しとのことである。

ホンダでは，今後も2009年3月期並みの売上高が続くとすると，2008年3月期の設備の稼働状況を標準とすると，将来の稼働率は標準の83.4％となり，設備の16.6％が含み損になる。含み損の金額をトヨタと同様の方法で計算すると，

4 トヨタ自動車株式会社

表18 自動車メーカー4社の主要財務数値比較表（2008年3月期）

（単位：百万円）

	トヨタ	ホンダ	日産自動車	マツダ
売　　上　　高	26,289	12,003	10,824	3,476
営　業　利　益	2,270	953	790	162
利　　益　　率	8.6%	7.9%	7.3%	4.7%
当　期　純　利　益	1,718	600	482	92
利　　益　　率	6.5%	5.0%	4.4%	2.6%
減　価　償　却　費	1,492	418	488	66
対　売　上　高　比　率	5.7%	3.5%	4.5%	1.9%
減　価　償　却　資　産	15,774	5,546	7,583	1,477
回　転　期　間	7.2月	5.5月	8.4月	5.1月
減　価　償　却　累　計　額	9,584	3,111	4,356	1,081
回　転　期　間	4.4月	3.1月	4.8月	3.7月
償　却　進　行　率	60.8%	56.1%	57.6%	73.1%
減価償却資産簿価	6,190	2,435	3,227	396
回　転　期　間	2.8月	2.4月	3.6月	1.4月
土　　　　　地	1,264	457	720	442
回　転　期　間	0.6月	0.5月	0.8月	1.5月
金　融　債　権	10,276	4,049	3,259	
回　転　期　間	4.7月	4.0月	3.6月	
有　形　固　定　資　産	7,812 3.6月	3,120 3.1月	4,627 5.1月	
投　資　そ　の　他	6,585 3.0月	772 0.8月	832 0.9月	158 0.5月
総　　資　　産	32,458 14.8月	12,616 12.6月	11,939 13.2月	1,986 6.9月
借　　入　　金	12,210	4,395	4,581	469
回　転　期　間	5.6月	4.4月	5.1	1.6月
純　　資　　産	11,870	4,544	3,849	554
自　己　資　本　比　率	36.6%	36.0%	32.2%	27.9%
営　業　C　F	2,982	1,127	1,342	103

第3章　含み益経営と逆粉飾

2,517億円から7,523億円になる。

ホンダでは，売上減少に伴い償却資産について発生する含み損の金額は，トヨタよりはるかに少なくてすむことになる。

参考までに，ホンダだけではなく，日産自動車，マツダも加えた4社の，2008年3月期における収益性，財政状態やキャッシュ・フローの実態を示す諸数値を，表18で示した。

6　まとめ

表19は2004年3月期から2008年3月期までの5年間のトヨタの投資ＣＦの推移を内訳項目別に示したもので，右端列には5年間の平均値を示した。有価証券の列には，有価証券のほかに投資有価証券も加えてある。

表19　トヨタ自動車投資ＣＦ内訳推移表　　　（単位：10億円）

	04／3	05／3	06／7	07／3	08／3	5年平均値
金融債権の増加	−8,127	−4,297	−6,477	−7,343	−8,648	−6,978
金融債権の回収売却	6,879	3,378	5,718	6,236	7,333	5,909
有形固定資産の購入	−946	−1,068	−1,523	−1,426	−1,481	−1,289
有形固定資産の売却	74	69	90	64	68	73
賃貸資産の購入	−543	−855	−1,247	−1,410	−1,279	−1,067
賃貸資産の売却	289	316	411	360	376	350
有価証券の購入	−1,336	−1,166	−957	−1,068	−1,152	−1,136
有価証券の売却償還	1,436	574	691	825	987	903
関連会社追加投資	−21	−1	−2	−2	−4	−5
その他	−18	−12	−78	−51	−75	−47
合計	−2,313	−3,061	−3,376	−3,814	−3,875	−3,287

トヨタでは，5年間の平均値で，投資関係に3兆2,870億円の支出をしているが，その大部分は，金融債権に1兆690億円（以下，いずれも純額），有形固定

4　トヨタ自動車株式会社

資産に1兆2,160億円（純額），賃貸資産に7,170億円に投資している。

　有価証券及び投資有価証券に対する支出額は2,330億円に過ぎないが，2008年3月期末残高では6兆5,850億円もあり，固定性の強いことが推察される。投資有価証券などの内訳は主に公社債と持合株式であるが，持合株式は株式の相場変動の影響を受けるので，相場の動きに従って，含み損にも含み益にもなる可能性がある。

　設備の新規投資は，売上増に先行して行われるのが普通なので，予定通りの売上増が達成できない場合には，設備について含み損が発生することになる。

　償却資産については，成長を維持するためには，新規投資を行わなければならないし，新規投資を行うと，含み損の発生を防止するためには，売上高の成長率を一定率以上に維持しなければならない。

　償却資産の減価償却進捗率の増減とあわせて考えると，トヨタでは，売上高の構造的な変動により，時には含み益が増えるし，時には含み損が増える体質になっている。

　これは，含み益と含み損が見合いになっていて，含み損が損失となって実現する場合でも，まず，過大減価償却による含み益が損失の実質的な引当てになることを意味する。

　トヨタでは，賃貸資産以外は定率法により減価償却を行っているので，毎年，膨大な新規投資を続けている現状では，減価償却の実施による簿価の低下により，設備の含み益が年々増加していくことが予想される。

　これは，設備が計画に従い，十分な稼働を続けることが前提になっており，長期的に稼働率が大幅に低下する場合や，設備廃棄に迫られる場合には，一転して，含み益が含み損に変わる。

　ただし，減価償却費は当分は高水準の計上が続くので，償却進捗率の上昇が続く結果，こちらでは含み益が増える。

　トヨタでは，21世紀中は，自動車の需要は増え続けるとのビジョンに基づいて設備投資を増やしているのであり，毎年の含み損益のポジションに一喜一憂するのは，下衆の勘ぐりに過ぎないことになるのかもしれない。

第3章　含み益経営と逆粉飾

　ただ，平成21年3月期が赤字になり，平成22年3月期も続けて赤字になる予想になったことから，2009年5月に，トヨタの渡辺捷昭元社長は，「足元を固めながら成長していくと言い続けていたつもりだが，十分でなかった。率直に反省している」と述べており(注1)，さすがのトヨタも，曲がり角に差し掛かったことを認めているようだ。

　表14及び表15により，トヨタとホンダの財務指標をみると，トヨタでは，償却資産や投資有価証券が多い分だけ総資産が膨らんでおり，その分だけ借入金も多い。

　一般的な水準と比べても，トヨタの総資産回転期間は高水準にあると判断されるのだが，これは，金融業も兼業していて，金融債権を多く抱えていることに関係しており，金融資産を除外すると，一般的にも，総資産回転期間はほぼ正常値に収まっていると考えられる。

　ただ，借入金回転期間がやや長いのは，トヨタバンクと言われる世間の評価からは違和感がもたれるのだが，これは，金融資産が多いことと，営業ＣＦを上回る資金を投資に投入しているからである。

　表19によると，金融債権を除外しても，2004年3月期から2008年3月期までの5年間だけでも，有形固定資産に純額で年平均1兆2,160億円，賃貸資産に年平均7,170億円も投下している。

　2003年3月期以降の財務数値の推移によると，資産の回転期間からみて，特に，含み益や含み損が発生しているとの兆候は見当たらない。借入金や基礎資金の回転期間が増えているが，これは金融債権や償却資産が増えていることに関係しており，金融資産と償却資産の増加は営業戦略に基づくものとすると，トヨタでは含み益経営は意識していないことが推察される。

7　2009年3月期の業績と今後の予想

　表20は2009年3月期における売上高，営業利益，当期純利益と投資ＣＦの項目別の金額を記載してある。各期とも上半期，下半期及び通期の順に金額を記載してある。

表20　損益，ＣＦ内訳表

（単位：10億円）

	2008年3月期			2009年3月期		
	上半期	下半期	通期	上半期	下半期	通期
売上高	13,012	13,277	26,289	12,190	8,340	20,530
営業利益	1,272	998	2,270	582	-1,043	-461
当期純損益	942	776	1,718	493	-930	-437
営業ＣＦ	1,676	1,306	2,982	1,514	-37	1,477
内減価償却費	754	737	1,491	742	753	1,495
投資ＣＦ	-2,161	-1,714	-3,875	-1,497	267	-1,230
内金融債権増減	-760	-555	-1,315	-637	180	-457
内有形固定資産購入	-688	-792	-1,480	-702	-663	-1,365
内有形固定資産売却	27	41	68	28	20	48
内賃貸資産購入	-665	-614	-1,279	-637	-323	-960
内賃貸資産売却	174	202	376	193	336	529
内有価証券等購入	-667	-485	-1,152	-362	-274	-636
内有価証券等売却償還	445	542	987	503	973	1,476
内その他	-28	-51	-79	116	20	136

注）　投資ＣＦ中の有価証券等などには投資有価証券を含む。

　2009年3月期において，売上高は前年度比21.9％低下し，営業・当期純利益は赤字に転落している。特に，下半期の低下率が激しく，営業・当期純利益は上半期は黒字であったのに，下半期のマイナスにより通期でもマイナスになっているし，営業ＣＦも下半期には赤字になっている。

第3章　含み益経営と逆粉飾

　2009年3月期においては，上半期から，業績低下の兆しがあったし，下半期に急激に悪化したのだが，投資ＣＦの有形固定資産の購入額は，2009年3月期の下半期においても，あまり減ってはいない。これは，設備投資は，抑制や中止の号令がかかっても，仕掛工事などがあって，直ぐには効果が現れないことによると思われる。

　トヨタでは，2010年3月期には売上高はさらに減少して，16兆5,000億円になる予想を立てている。減価償却費を1,000億円節約する計画も報道されている(注2)。

　2009年3月期中に，投資有価証券の購入額を減らし，売却等を大幅に増やしていることから，経営の方向転換をしていることが窺われる。

　また，経営の方向としては，2006年3月期の有価証券報告書では，「世界規模での競争に勝ち抜き，21世紀も成長を続ける企業として，株主価値の向上に努力していきたい」として，成長継続に意欲を見せているし，2007年及び2008年3月期の有価証券報告書では，国内市場の活性化に努めていくし，海外では新工場の円滑な立ち上げに全力で取り組む，と記載されていて，新工場の立ち上げに全力を尽くして，成長を持続する方針が述べられている。

　2009年3月期には，世界市場全体が急激に縮小しており，特に，日米欧では，後半期にかけ市場が2割から3割を超す大幅な落ち込みとなったことから危機感を持つに至ったのか，有価証券報告書において，いま一度「お客様第一」「現地現物」「智恵と改善」というトヨタの成長の原点に立ち返るとともに，足元の市場環境の変化に柔軟且つ迅速に対応し，社会と調和ある成長を続ける企業として，企業価値の向上に努める，と記載していて，成長路線から，足元を固める方針に転換しつつあることが窺われる。

　設備投資に対する予定でも，2008年3月期の1兆5,000億円の予定に対して，2009年3月期には1兆4,000億円にと，予定金額が多少縮小しているし，2010年3月期にはさらに縮小して830億円の予定になっている。

　最近になって，設備投資にもブレーキがかかったことが推察される。

　それでも，2009年3月期の有価証券報告書においても，各国にある工場の整

理統合などにまでは触れられておらず，設備投資についての，今後の基本的な方針などはまだ，具体的には発表されていない。

しかし，GMとの合弁事業からの撤退や，前掲の渡辺元社長の発言などから押して，合理化についての何らかの手が打たれることが予想される。

長年，営業CFを上回る投資CFを支出して，設備投資に注力してきたトヨタの積極策が，成功であったのか，あるいは，失敗であったのかを判断するには，もう少しの期間が必要である。

各国政府の省エネに対する助成政策などにより，世界的に省エネ気運が高まると，直ちに，プリウスの販売に全力を注入して，直ぐに車種別年間販売台数でトップの地位を奪取できる見込みというのは，日ごろの設備投資と，研究開発投資による含み益蓄積の成果であると解釈することができる。

2年連続して大幅赤字の計上が予想されるこの時期こそが，世界企業トヨタの真価が問われるときであり，ここ1～2年におけるトヨタの対応を見守りたい。

（注1） 2009年5月9日付朝日新聞"トヨタ拡大路線響く"による。
（注2） 2009年6月17日付日本経済新聞」

第4章
キャッシュ・フローによる分析

1 キャッシュ・フローによる分析法
2 事務用機器メーカーA社
3 娯楽機械メーカーB社

1 キャッシュ・フローによる分析法

1 キャッシュ・フロー計算書による逆粉飾発見法

　本章では，キャッシュ・フロー計算書の情報も利用して，逆粉飾の兆候を探索することを試みる。

　キャッシュ・フローが粉飾発見に効果的であることは広く知られているのだが，同じ理屈によって，逆粉飾にも効果的であることが推察される。

2 営業CFによる逆粉飾（粉飾）発見法

(1) 営業CFの2区分化

　キャッシュ・フロー計算書の作成が義務付けられるようになったのは2000年3月期からのことだが，キャッシュ・フローを粉飾発見に利用する考えは，わが国でも，与信管理の実務では早くから取り入れられており，現在の営業CFに相当する「経常収支」の概念が，1980年代前半に定着していた。

　筆者も1985年3月に，拙著「倒産予知のための財務分析」[注1]で経常収支による粉飾チェックの方法を紹介している。

　同書では，経常収支の重要部分である

　　売上債権＋棚卸資産－仕入債務

を3要素総合残高と名付け，3要素総合回転期間による粉飾チェック法を紹介している。

　キャッシュ・フロー計算書により粉飾を発見する手法についても，筆者は拙

第4章 キャッシュ・フローによる分析

著「最近の粉飾」[注2]において詳しく説明している。

キャッシュ・フローで,特に粉飾発見に役立つのは,営業CFであり,営業CFの中でも,運転資本の変動による収支である。そこで,筆者は粉飾発見には,正規のキャッシュ・フロー計算書の様式の営業CF区分を表21のように並び替えた表を利用している。

表21 営業CF区分の並び替え

営業CF	
税引前当期純利益	×××
減価償却費	＋×××
諸調整項目	±×××
法人税等支払額	－×××
利益要素計	×××
売上債権増減額	±×××
棚卸資産増減額	±×××
仕入債務増減額	±×××
その他資産・負債増減額	±×××
運転資本要素計	±×××
営業CF合計	×××

正規の様式の小計欄をなくした上で,売上債権増減など運転資本関係の増減収支を集めて運転資本要素の小区分とし,残りの項目を利益要素の小区分として2区分の様式にするのである。

(2) **運転資本要素と逆粉飾(粉飾)**

利益水増しの粉飾は,資産の水増しか負債の隠蔽を伴うのだが,利益水増しや隠蔽には運転資本を構成する流動資産や流動負債が利用されることが多いので,運転資本要素の収支によって粉飾を発見できる可能性が高い。

表21の様式では,利益を水増しするとその分だけ,税引前当期純利益が水増しされて,利益要素のプラスは増加する。

他方,資産を利用して粉飾を行った場合には,当該資産の水増しになり,負債を利用した場合には,当該負債が過少表示になる。運転資本要素区分では,

1 キャッシュ・フローによる分析法

資産項目の増加（減少）をマイナス（プラス）とし，負債項目の増加（減少）をプラス（マイナス）にして，加減算を行うことになっているので，粉飾の場合には，資産水増しの場合でも，負債隠蔽の場合でもどちらも，運転資本要素の収支のマイナスになる。

したがって，運転資本要素の資産・負債を利用した粉飾では，利益による収支は水増しによりプラスが増えるが，同時に，運転資本要素の収支がその分だけマイナスになるので，営業ＣＦでは，利益の水増しと運転資本要素のマイナスとが相殺されて，粉飾前の損益に基づくＣＦが計算されるのである。

表21のように，営業ＣＦを２区分すると，運転資本要素について粉飾をすると，運転資本要素のマイナスが増えるので，このチェックにより粉飾の兆候を掴むことができる可能性がある。

以上は，運転資本要素による粉飾発見手続きの概要だが，逆粉飾の場合も基本的には同じであり，運転資本要素のプラスの増加に着目するのである。

逆粉飾の場合には，資産の過少表示か負債の水増しによって行われるのだが，売上債権や棚卸資産残高などを減らすとはいっても，ゼロ以下にはできないので，限度がある。長期間粉飾を続けるためには，仕入債務などの負債を水増しし続けるか，資産過少表示の場合には，運転資本要素に限らず，固定資産にまで対象を広げることになると考えられるので，粉飾の場合よりも発見が困難になると思われる。

運転資本要素は，下記のような要因により変動する。

① 売上高増減による変動
② 構造的変化による変動
③ 偶発的要因
④ 不良債権や不良在庫などの発生による変動
⑤ 逆粉飾（粉飾）による変動

④による変動は，逆粉飾では起こらないのでここでは無視してよい。

②と③の要因による変動は外部の分析者には分別が困難なので，取り敢えずは，②以下の要因をすべて⑤による逆粉飾（粉飾）による変動として取り扱う

のが現実的であろう。

　①の売上高増減による変動については，第2章の（注3）で紹介した売上債権，棚卸資産，仕入債務の3要素の総合回転期間の正常値により推定するのが実務的である。

　3要素の総合回転期間は

　　売上債権回転期間＋棚卸資産回転期間－仕入債務回転期間

または，

　　｜（売上債権残高＋棚卸資産残高－仕入債務残高）÷売上高｜×12か月

により計算されるが，その他資産負債の中に売上高増減と関係が深い項目がある場合には，上記の計算式に追加するのがよい。

　例えば正常回転期間が売上債権，棚卸資産，仕入債務の別にそれぞれ，3か月，1か月，2か月であったとすると，3要素総合回転期間は，3か月＋1か月－2か月＝2か月となる。

　売上高が当該期間内に6億円増えたとすると，3要素の総合残高は，正常回転期間通りに変動するなら，

　　（6億円÷12）×2＝1億円

増えるので，売上高増減による収支の変動額は1億円のマイナスと推定される。したがって，運転資本要素の収支額から1億円を控除した残高が，粉飾などによる収支の変動額と推定される。

3　暗黙の利益操作について

　国村道雄教授は，第1章で紹介した「わが国自動車産業における利益平準化」において，発生項目という考え方を基礎にして利益操作を発見する手法が，1980年代後半，キャッシュ・フロー計算書の制度化と相前後して米国で本格化し，現在世界中で注目された研究手法であることを述べている。

　そして，この手法のすばらしいところは，明示的な利益の操作のみでなく暗

1 キャッシュ・フローによる分析法

黙の利益の操作をあぶりだせるという点であることを指摘している。

営業活動から生み出されるキャッシュ・フローを本書では営業ＣＦと呼んでいるが，営業ＣＦと当期利益との差が，現金主義と発生主義の差であるとの事実に着目し，これを全発生項目と定義する。会計の発生主義と現金主義の差から生まれる発生項目は高い裁量性（操作可能性）を持つ。経営者の裁量で増減する裁量的発生項目は，資本循環を反映した正常な発生項目である非裁量的発生を発生項目から控除して求める。しかし，この正常な部分は目にみえないので，当初，非裁量的発生項目として過去５年の発生項目の平均値を用いたり，前年の全発生項目を用いたりしたが，今日では，回帰分析によって，正常な非裁量的発生項目を推定するのが一般的である，と書いている。

この章では，運転資本要素の分析による逆粉飾（粉飾）発見だけではなく，正常な非裁量的発生項目の探索による逆粉飾発見の手法についても検討してみたい。

なお，運転資本要素としては，表21では，３要素の他に，その他の資産・負債を加えているが，その他の資産等には，営業とは直接関係のないものがあり，必ずしも売上高との相関関係が高い科目ばかりとは限らないので，このうち，どの科目を運転資本要素にするかが問題になる。

運転資本要素の分析には，売上高との関連性について調べることが多いので，売上高との関係の深いものを採用することが望ましい。本書では，その他の資産・負債から，売上高との相関関係が高いものだけを選び出すのが必ずしも簡単ではないので，運転資本要素は原則として３要素に限ることにしている。

4 投資ＣＦによる逆粉飾（粉飾）発見法

(1) 投資ＣＦは正常状態でもマイナスになるのが普通

投資ＣＦも粉飾発見に利用できる。特に，逆粉飾の場合には，資産を過少表示する場合には，残高をゼロ以下にすることができないので，操作の対象が，

第4章　キャッシュ・フローによる分析

運転資本要素に集中することにはならないと予想されるので，投資ＣＦの重要性がたかまる。

投資ＣＦ区分は，定期預金，有形固定資産，投資有価証券，貸付金などの資産に関する収支で構成されている。投資ＣＦにより逆粉飾をチェックするのには，資産については減少（収支ではプラス）に注意するのだが，投資ＣＦ区分は，普通では収支がマイナスになる。

特に，有形固定資産については，通常は，使用後は廃棄されるか，スクラップとして売却され，その結果，売却による収入は，取得による支出に比べて著しく少ないのが普通である。

有形固定資産に投下した資金は，有形固定資産を利用して産み出される営業上の利益により回収されるのが普通なので，回収額は営業ＣＦに計上される。間接法による正規のキャッシュ・フロー計算書では，営業ＣＦは，税金等調整前当期純利益に減価償却費を足す様式になっているのは，このためである。

有形固定資産関係の収支が大きなマイナスになるのが普通なので，投資ＣＦ合計もマイナスになることが多いのである。

(2) 第１次バブル期における各社の投資ＣＦの特徴

1991年初に崩壊したバブル（以下，第１次バブル期という）において，バブル崩壊後にバブル汚染会社の経営破綻が相ついだのだが，これらの会社では，営業ＣＦの運転資本要素だけではなく，投資ＣＦのマイナスが大きく膨らんでいることが多く，投資ＣＦも粉飾発見には効果的であった。

第１次バブル期においては，不動産などの購入に走った企業が多かったため，投資ＣＦ区分の有形固定資産取得支出のマイナスが著しく膨らむ企業が多かった。

さらに，自社だけではなく，子会社など傘下の企業にも，不動産などを保有させた。この場合，子会社などでは，資金調達能力が十分ではないので，親会社が融資をして，不動産などを購入させるのが普通であった。そのために，有形固定資産取得支出だけではなく，貸付金や投資有価証券への支出が著しく膨

1 キャッシュ・フローによる分析法

らんでいる企業が多かった。

　そして，バブル崩壊後には，これらの大部分が不良資産になったので，投資ＣＦが大きなマイナスになっていて，しかも大幅マイナスの状態が長期間続いている場合に，粉飾が行われていると判断して間違いがないことが多かった。

　投資ＣＦの項目でも，有形固定資産は，新工場の建設や設備更新の時には大幅にマイナスになることが多いし，将来のために先行投資を続ける場合には，長期間大きなマイナスの続くことがある。しかし，貸付金収支が金融機関でもない一般の企業で長期間大幅のマイナスが続くのは異常であり，特に，資金繰りに余裕がありそうにもない企業で，そのような状態が続いているのなら，粉飾と断定してよいことが多い。

(3)　投資ＣＦによる逆粉飾発見手法

　以上のとおり，投資ＣＦは粉飾発見に効果的なことが多いのだが，逆粉飾発見にはそれほど効果的でないことが多いと思われる。

　逆粉飾では，投資ＣＦの主要項目である有形固定資産では，売却による減少は，全額または一部が簿外になって，貸借対照表には表示されないことが多いし，キャッシュ・フロー計算書では有形固定資産の売却収入も計上されないことが多いと思われる。

　したがって，投資ＣＦのチェックでは，主に，売却による収入が少なすぎないかを見ることがチェックポイントの一つになるが，もともと，有形固定資産などの売却などは例外的な事象であって，売却による収入は，あったとしても，ごく小さい金額であるのが普通なので，外部の分析者には，多額の売却収入が隠されたとしても，キャッシュ・フロー計算書により，隠蔽を推定するのは困難と思われる。

　不動産が売却されたことが噂されているのに，投資ＣＦの売却収入には記載されていないことなどから，売却が隠蔽されていることを推察するしかない。

　また，逆粉飾の場合には，有形固定資産の売却代金の回収は，全く簿外になるか，前受金や預り金などの収入に摩り替えられ，これら負債の増加となって

第4章　キャッシュ・フローによる分析

現れることが多いのだが，これらの科目の収入は投資ＣＦ区分には記載されないので，有形固定資産の売却と結びつけて考えることは困難である。

そこで，逆粉飾のチェックは，粉飾の場合とは違った発想によることが必要になる。

逆粉飾に固定資産を利用するのは，次のようなケースであると考えられる。

・　過剰な減価償却や減損処理による固定資産の過小評価

この場合には，投資ＣＦ区分には何の記載もされないので，営業ＣＦ区分の減価償却費やその他の調整項目で調べるほかないのだが，キャッシュ・フロー計算書よりも，むしろ，貸借対照表での残高分析や，損益計算書での原価や経費の分析などのほうが効果的なことが多いと思われる。

・　有形固定資産の購入支出を修繕費などの経費支出にすり替える

この場合には，有形固定資産取得支出が投資ＣＦ区分には記載されずに，営業ＣＦがその分だけマイナスに表示される。

・　固定資産の売却収入を前受金や借入金などの収入にして，売却益を隠す

この場合には，投資ＣＦ区分には何も記載されず，営業ＣＦや財務ＣＦ区分の収入として記載される。

これらの粉飾は，投資ＣＦ区分での，有形固定資産や投資有価証券の売却収入や，営業ＣＦ区分での調整項目により調べるのが筋だが，投資ＣＦ区分には何も記載されることがない場合が多いので，貸借対照表の残高分析や，損益計算書の収益や費用と対比することなどが必要になり，投資ＣＦ区分の分析だけでは発見は困難なことが多い。

いずれにしても，粉飾や逆粉飾は，会社側が事実を隠す意図でもって，計画的に，且つ知能的に，手を変え品を変えて行われることが多いので，単なる財務分析では，発見が困難なことが多い。したがって，その発見には，特別に効果的な特定の手法などないのが普通であり，入手可能なあらゆる情報での分析結果を総合して，慎重に検討して判断するしかない。

わが国では，従来，長期的に見て地価は値下がりすることはないとする，土地の神話があって，不動産会社でない一般の企業でも，資金調達のめどがつく

限り，主として含み益を増やす目的で，不動産などに資金を投下する企業が多かった。

この場合には，資産が膨らむので，粉飾のパターンになるのだが，含み益を増やす目的の，実質的には逆粉飾に近いケースもあるので，注意が必要である。

この種の投資では，好況の時期には不動産が値上がりして，保有する不動産に含み益が貯まる可能性が高いのだが，土地神話が崩壊した今日では，景気が悪化すると，含み益がたちまち含み損に転化することが多い。このようなケースとして，本書では，第3章において，アーバンコーポレーションの例を紹介している。

不動産業者ではない一般企業では，このようなリスクはさらに高くなるので，投資ＣＦの異常なマイナスが続いている企業については，現在，含み益が貯まっていて，一種の逆粉飾が行われた形になっていても，将来，含み損に転じる可能性が高い企業として注意する必要がある。

ただ，投資ＣＦ区分の収支は，マイナスになるのが普通である。これは，有形・無形固定資産の多くは，減価償却により投下資金の回収を行うのだが，キャッシュ・フロー計算書では，減価償却費は営業ＣＦ区分のプラス要素として取り扱われているために，投資ＣＦ区分では，主に取得のための支出だけが記載されているために起こる現象である。

そこで，営業ＣＦと，設備投資に関する投資ＣＦを合体させたものをフリー・キャッシュ・フロー（以下，ＦＣＦという）と名付けて，ＦＣＦにより分析することが行われている。

5　フリー・キャッシュ・フローについて

ＦＣＦは，営業ＣＦに，経営維持のために必要な設備投資に関する支出を加えたものと定義されている。設備投資に関する支出としては，有形固定資産取得支出を利用するしかないが，有形固定資産には設備投資には限らず，主とし

て利殖のために取得するものもある。

関連会社や下請企業などに資金を融資して，関連会社などで設備投資を行わせることもあるので，投資有価証券や貸付金の支出なども設備投資のための支出に加える必要があるなどで，設備投資についての支出額を決めるのが困難である。

そこで，営業ＣＦと投資ＣＦの合計をＦＣＦとする便法がとられることが多い。あるいは，投資ＣＦ区分の有形固定資産（あるいは投資ＣＦ）の収支に減価償却費をプラスして検討する簡便法も考えられる。

6 投資ＣＦによる逆粉飾チェックにおける注意点

投資ＣＦによる逆粉飾のチェックにおいては，有形固定資産取得支出が少なすぎる場合や，少なすぎる状態が長期継続していないかに注意する。

また，減価償却費と比べて，有形固定資産取得支出が，常に減価償却費よりも少ないのは，事業規模が縮小に向かっていることを示しており，将来の収益性の低下が心配されるのだが，逆粉飾による場合もあるので，その見分けが必要になる。

この場合には，減価償却の過大実施による場合と，固定資産取得支出の隠蔽の両方のケースが考えられる。

取得支出額と減価償却費とを比較する場合，取得する有形固定資産の中には，土地などの減価償却が行われない項目もあるので，通常では，取得支出の方が上回るのが普通である。貸借対照表により，減価償却が必要な資産への支出額を推定して比較する必要がある。

2 事務用機器メーカーA社

1 A社の紹介

　本章では，まず，東京証券取引所第1部上場の事務機器メーカーのA社を取り上げる。ここで，A社を取り上げるのは，A社で逆粉飾が行われていたとか，その疑いがあるからというのではなく，長年，高収益の状態が続いていて，逆粉飾が行われやすいタイプの会社として選んだのであって，単に，教材として取り上げたものである。

　逆粉飾チェックの手続きを適用する過程や，結論の出し方が大切なのであって，適用の結果，白とでるか黒と出るかの結論には無関係である。

　A社は，1955年1月に東京にて設立された事務用機器メーカーだが，1977年9月に発売した家庭用事務機「甲」が爆発的人気を博したのに続き，1980年6月には，高性能オフィス用機「乙」を発売した。

　1989年10月には日本証券業協会に株式を店頭登録し，2004年12月にはジャスダックに上場，2006年12月には東京証券取引所第1部に上場している。

2 A社の業績推移

　表22は，A社の1991年3月期から2009年3月期までの19期間の業績，財務の主要数値の推移を示した表である。

　売上高下行の売上伸び率は，売上高の対前年度比率である。

　また，表23は，同期間における営業CF及び投資CF区分の推移表だが，本

第4章 キャッシュ・フローによる分析

表22　A社主要

	91/3	92/3	93/3	94/3	95/3	96/3	97/3	98/3	99/3
売　上　高	50,027	57,758	63,583	68,506	72,748	79,218	90,420	95,576	85,365
(売上伸び率)		115.45	110.09	107.74	106.19	108.89	114.14	105.70	89.32
売上総利益	22,316	25,435	28,863	31,033	34,183	37,091	44,373	48,809	47,086
(利　益　率)	44.61	44.04	45.39	45.30	46.99	46.82	49.07	51.07	55.16
販売管理費	18,269	21,114	23,497	25,024	27,971	30,294	34,313	37,935	37,068
経　常　利　益	2,810	3,330	4,209	5,687	6,186	6,991	8,951	9,948	8,758
当期純利益	1,214	1,404	2,264	2,762	3,092	3,598	4,667	5,255	3,975
現　金　預　金	12,761	10,005	20,512	41,736	34,922	33,267	31,418	37,988	33,286
(回転期間、月)	3.06	2.08	3.87	7.31	5.76	5.04	4.17	4.77	4.68
売　上　債　権	7,446	7,992	9,491	9,595	10,654	12,724	14,227	16,039	16,260
(回転期間、月)	1.79	1.66	1.79	1.68	1.76	1.93	1.89	2.01	2.29
棚　卸　資　産	7,302	7,020	7,305	7,996	8,284	9,219	9,894	11,292	10,105
(回転期間、月)	1.75	1.46	1.38	1.40	1.37	1.40	1.31	1.42	1.42
有　価　証　券	7,926	12,214	10,020	10,315	24,492	34,145	35,292	21,434	22,157
(回転期間、月)	1.90	2.54	1.89	1.81	4.04	5.17	4.68	2.69	3.11
流動資産計	35,613	37,417	47,794	70,105	80,081	91,259	92,366	88,922	85,294
(回転期間、月)	8.54	7.77	9.02	12.28	13.21	13.82	12.26	11.16	11.99
減価償却資産	14,445	15,633	20,119	22,980	28,329	29,825	32,379	36,144	38,075
(回転期間、月)	3.46	3.25	3.80	4.03	4.67	4.52	4.30	4.54	5.35
減価償却費	7,785	8,907	10,429	12,608	15,467	17,698	19,567	22,390	24,639
(回転期間、月)	1.87	1.85	1.97	2.21	2.55	2.68	2.60	2.81	3.46
土　　　　地	3,096	3,114	3,830	3,930	3,930	3,930	4,246	13,822	14,050
(回転期間、月)	0.74	0.65	0.72	0.69	0.65	0.60	0.56	1.74	1.98
有形固定資産	9,776	11,607	14,049	14,705	16,910	16,330	17,157	27,696	27,512
(回転期間、月)	2.34	2.41	2.65	2.58	2.79	2.47	2.28	3.48	3.87
無形固定資産	61	52	53	54	91	104	96	222	179
(回転期間、月)	0.01	0.01	0.01	0.01	0.02	0.02	0.01	0.03	0.03
投資その他	2,562	2,969	3,465	5,196	3,184	3,326	3,500	3,740	5,877
(回転期間、月)	0.61	0.62	0.65	0.91	0.53	0.50	0.46	0.47	0.83
固定資産計	12,400	14,628	17,568	19,955	20,185	19,760	20,753	31,652	33,568
(回転期間、月)	2.97	3.04	3.32	3.50	3.33	2.99	2.75	3.97	4.72
資　産　計	48,060	52,217	65,479	90,355	100,922	116,367	113,161	120,573	119,097
(回転期間、月)	11.53	10.85	12.36	15.83	16.65	17.63	15.02	15.14	16.74
仕　入　債　務	14,191	11,867	14,543	13,344	13,732	19,521	17,097	18,113	15,606
(回転期間、月)	3.40	2.47	2.74	2.34	2.27	2.96	2.27	2.27	2.19
借　入　金	15,246	19,948	26,756	34,464	36,515	35,642	33,868	34,766	32,717
(回転期間、月)	3.66	4.14	5.05	6.04	6.02	5.40	4.49	4.37	4.60
純　資　産	13,005	14,209	16,565	33,931	42,717	46,047	50,107	54,874	59,454
(回転期間、月)	3.12	2.95	3.13	5.94	7.05	6.98	6.65	6.89	8.36
(自己資本比率)	27.06	27.21	25.30	37.55	42.33	39.57	44.28	45.51	49.92
基　礎　資　金	28,251	34,157	43,321	68,395	79,232	81,689	83,975	89,640	92,171
(回転期間、月)	6.78	7.10	8.18	11.98	13.07	12.37	11.14	11.25	12.96
3　　要　　素	557	3,145	2,253	4,247	5,206	2,422	7,024	9,218	10,759
(回転期間、月)	0.13	0.65	0.43	0.74	0.86	0.37	0.93	1.16	1.51
営　業　Ｃ　Ｆ	5,402	1,865	8,808	6,839	5,523	13,198	5,373	9,256	5,458
内減価償却費	1,798	1,659	2,144	2,987	3,250	3,127	2,784	3,439	3,380
投　資　Ｃ　Ｆ	−3,634	−3,458	−5,374	−6,985	−6,397	−3,305	−3,468	−14,739	−6,369
内有形固定資産購入	−2,125	−2,770	−4,589	−4,028	−5,146	−2,707	−2,967	−14,068	−2,916

146

2 事務用機器メーカーA社

財務数値推移表

(単位:百万円)

	00/3	01/3	02/3	03/3	04/3	05/3	06/3	07/3	08/3	09/3
	79,771	78,264	81,906	82,414	83,666	85,166	87,601	90,863	92,621	83,774
	93.45	98.11	104.65	100.62	101.52	101.79	102.86	103.72	101.93	90.45
	43,642	39,542	41,599	44,119	47,128	45,302	45,249	46,410	46,996	39,888
	54.71	50.52	50.79	53.53	56.33	53.19	51.65	51.08	50.74	47.61
	36,736	35,793	36,003	37,201	38,774	38,727	40,437	41,031	41,598	40,802
	6,507	3,543	4,538	6,619	6,680	5,883	4,552	5,139	4,709	−695
	3,025	1,828	1,595	3,124	3,604	3,280	2,154	2,977	1,657	−641
	34,843	35,678	31,111	25,051	30,377	31,671	30,734	29,572	24,913	20,583
	5.24	5.47	4.56	3.65	4.36	4.46	4.21	3.91	3.23	2.95
	15,867	16,259	17,209	16,820	16,153	18,297	16,917	17,570	16,147	13,900
	2.39	2.49	2.52	2.45	2.32	2.58	2.32	2.32	2.09	1.99
	11,265	12,533	11,729	12,096	11,303	12,664	15,037	13,914	12,977	14,028
	1.69	1.92	1.72	1.76	1.62	1.78	2.06	1.84	1.68	2.01
	18,544	7,466	1,798	300	2,790	2,200	3,311	8,040	12,273	3,281
	2.79	1.14	0.26	0.04	0.40	0.31	0.45	1.06	1.59	0.47
	84,525	76,676	66,718	68,052	64,070	67,601	69,864	73,619	70,381	54,797
	12.72	11.76	9.77	9.91	9.19	9.53	9.57	9.72	9.12	7.85
	40,472	45,773	48,495	47,704	52,691	54,772	56,602	56,926	55,715	55,453
	6.09	7.02	7.10	6.95	7.56	7.72	7.75	7.52	7.22	7.94
	26,717	30,247	33,394	34,307	35,123	37,264	39,492	40,569	40,778	41,112
	4.02	4.64	4.89	5.00	5.04	5.25	5.41	5.36	5.28	5.89
	14,010	14,010	14,898	14,898	14,899	14,899	14,873	14,873	18,053	18,053
	2.11	2.15	2.18	2.17	2.14	2.10	2.04	1.96	2.34	2.59
	27,831	29,634	30,092	30,239	32,758	32,469	32,036	31,296	33,014	32,492
	4.19	4.54	4.41	4.40	4.70	4.57	4.39	4.13	4.28	4.65
	1,474	2,103	2,004	1,894	1,885	2,052	2,332	2,459	2,309	2,307
	0.22	0.32	0.29	0.28	0.27	0.29	0.32	0.32	0.30	0.33
	5,886	14,852	14,550	8,543	8,659	10,421	14,229	13,674	9,089	7,846
	0.89	2.28	2.13	1.24	1.24	1.47	1.95	1.81	1.18	1.12
	35,190	46,590	46,646	40,676	43,303	44,950	48,599	47,430	44,412	42,647
	5.29	7.14	6.83	5.92	6.21	6.33	6.66	6.26	5.75	6.11
	119,715	123,266	113,364	108,728	107,374	112,551	118,446	121,049	114,795	97,444
	18.01	18.90	16.61	15.83	15.40	15.86	16.23	15.99	14.87	13.96
	16,196	17,229	16,682	11,085	10,347	11,257	13,150	15,444	14,205	14,311
	2.44	2.64	2.44	1.61	1.48	1.59	1.80	2.04	1.84	2.05
	32,602	34,235	25,206	17,419	22,041	22,445	23,143	20,009	18,782	5,460
	4.90	5.25	3.69	2.54	3.16	3.16	3.17	2.64	2.43	0.78
	58,533	59,631	59,983	60,905	63,732	65,834	68,978	71,354	69,796	65,484
	8.81	9.14	8.79	8.87	9.14	9.28	9.45	9.42	9.04	9.38
	48.89	48.38	52.91	56.02	59.36	58.49	58.24	58.95	60.80	67.20
	91,135	93,866	85,189	78,324	85,773	88,279	92,121	91,363	88,578	70,944
	13.71	14.39	12.48	11.40	12.30	12.44	12.62	12.07	11.48	10.16
	10,936	11,563	12,256	17,831	17,109	19,704	18,804	16,040	14,919	13,617
	1.65	1.77	1.80	2.60	2.45	2.78	2.58	2.12	1.93	1.95
	3,878	7,233	6,535	1,892	6,597	6,282	6,365	10,053	4,491	2,084
	3,732	5,475	5,168	2,389	2,276	2,948	3,318	2,767	2,772	2,947
	−841	−12,348	−1,280	2,465	−5,979	−3,267	−6,539	−6,043	−4,489	6,174
	−3,026	−6,484	−3,885	−3,124	−4,749	−2,253	−2,188	−1,442	−4,696	−2,088

第4章 キャッシュ・フローによる分析

表23　A社

	91/3	92/3	93/3	94/3	95/3	96/3	97/3	98/3	99/3
税前利益	1,868	2,904	4,218	5,477	6,337	7,044	8,099	8,651	8,681
減価償却費	1,798	1,659	2,144	2,987	3,250	3,127	2,784	3,439	3,308
調整額	1,880	1,842	546	2,739	−431	1,419	2,056	581	1,715
法人税等	−1,228	−1,284	−1,643	−2,129	−3,868	−2,510	−3,559	−3,739	−4,886
利益要素計	4,318	5,121	5,265	9,074	5,288	9,080	9,380	8,932	8,818
売上債権	−813	−1,315	−122	418	−1,239	−863	−869	−1,034	−781
棚卸資産	−677	447	14	−513	1,445	−786	−396	748	1,015
仕入債務	2,574	−2,388	3,651	−2,140	29	5,767	−2,734	610	−2,293
運転資本要素計	1,084	−3,256	3,543	−2,235	235	4,118	−3,999	324	−2,059
営業ＣＦ	5,402	1,865	8,808	6,839	5,523	13,198	5,381	9,256	6,759
定期預金									
有価証券	0	−18	−6	−1	0	0	0	0	−1,475
有形固定資産	−2,125	−2,770	−4,589	−4,028	−5,146	−2,707	−2,967	−14,086	−2,916
貸付金	−70	−124	−29	44	−67	−16	50	−37	−288
その他	−1,439	−546	−750	−2,999	−1,183	−583	−552	−614	−1,689
投資ＣＦ	−3,634	−3,458	−5,374	−6,984	−6,396	−3,306	−3,469	−14,737	−6,368

章１で紹介した粉飾（逆粉飾）チェック用の様式に組み替えたものである。

　1999年３月期以前はキャッシュ・フロー計算書の入手ができないので，親会社の個別ベースの資金収支表から次の要領で作成した。

　まず営業ＣＦは，資金収支表の事業収支区分の営業収入から営業支出を控除し，さらに，決算支出の法人税等支払額を控除したものを営業ＣＦとしている。なお，運転資本要素は３要素総合残高の増減にて代用し，営業ＣＦから３要素総合残高の増減収支を控除したものを，利益要素としている。利益要素中の減価償却費は，有形固定資産等明細表の当期償却費額を使用した。

　また，1999年３月期までの推定キャッシュ・フロー計算書と統一性を保つために，2000年３月期以降のキャッシュ・フロー計算書でも，運転資本要素は３

2 事務用機器メーカーＡ社

CF推移表

(単位：百万円)

00/3	01/3	02/3	03/3	04/3	05/3	06/3	07/3	08/3	09/3
6,507	3,770	3,028	5,728	6,680	5,883	4,527	5,139	4,370	704
3,732	5,475	5,168	2,389	2,276	2,948	3,318	2,767	2,772	2,947
−65	381	1,737	1,561	851	2,168	−368	693	−532	−907
−4,484	−2,725	−2,662	−2,953	−2,961	−2,602	−2,181	−2,165	−2,605	−1,183
5,690	6,901	7,271	6,725	6,846	8,397	5,296	6,434	4,005	1,561
−732	462	−380	402	−110	−1,767	1,359	77	994	1,733
−2,033	−290	739	−32	96	−1,048	−1,519	1,616	−31	−2,095
953	160	−1,043	−5,203	−245	700	1,229	1,926	−477	885
−1,812	332	−684	−4,833	−259	−2,115	1,069	3,619	486	523
3,878	7,233	6,587	1,892	6,587	6,282	6,365	10,053	4,491	2,084
3,449	−2,244	3,805	64	−2	−707	92	−879	−377	505
460	−1,760	−274	6,057	−899	497	−3,267	−2,600	1,692	5,661
−3,532	−8,070	−4,298	−3,781	−5,123	−2,932	−3,145	−2,382	−5,485	−3,116
−174	35	−22	−16	21	86	14	59	−99	137
−1,042	−318	−490	143	24	−209	−233	−240	−219	2,989
−839	−12,357	−1,279	2,467	−5,979	−3,265	−6,539	−6,042	−4,488	6,176

要素に限定し，その他の資産・負債は含めていない。

　1999年3月までは個別ベースのものだし，2000年3月期以降は連結ベースのもので，ベースが同じでないが，当社では2000年3月期においても，連単倍数が売上高で，1.14倍，総資産で1.04倍と小さいので，1999年3月期以前は個別ベースのもので代用させたものである。連単倍数が小さくても，中身には違いもあるので，利用には注意が必要である。

　ここでは，表22の全期間を，次の四つの期間に分割する。

　まず，1998年3月期までを第1次繁栄期，次に，1999年3月期から2002年3月期までを第1次停滞期，2003年3月期から2008年3月期までを第2次繁栄期，それに2009年以降の第2次停滞期とする。

第4章　キャッシュ・フローによる分析

以下において，上記の4期間ごとに，財務分析により含み益，含み損の発生状態の推定を試みる。

(1)　第1次繁栄期（1998年3月期まで）

業績の推移

1991年3月期には，家庭用事務機「甲」は，すでに最盛期を過ぎて，売上高の伸びが鈍化していたが，1995年3月期には売上高が下降に転じた。高性能オフィス用事務機「乙」は国内及び海外ともに増収が続いた結果，1998年3月期までは全体として増収が続いている。

「甲」は減収に変わっても消耗部品の販売で利益を確保したし，利益率の高い消耗部品の拡販，デジタル機種の投入や合理化による生産コストの低減努力などで，粗利益率の向上が続き，1998年3月期まで10期連続増収・増益と，最高利益の記録を更新し続けた。

その結果，1998年3月期の売上高は956億円に達したし，当期純利益は53億円になった。

自己資本比率の推移

この期間においては，増益が続いているために，主に利益の内部留保により自己資本比率は上昇を続けている。1998年3月期末の純資産額は549億円になっていて，売上高の増加に伴い総資産が増えているのにかかわらず，自己資本比率は45.5％に上昇している。

各種回転期間の動き

増収に伴い，固定資産が増加し，回転期間も上昇を続けていて，1992年3月期からの7年間で1か月延びている。この大部分は，1998年3月期における土地の増加によるもので，これは，本社用地の購入によるものである。本社不動産を除くと，固定資産の増加は売上高の増加にほぼ見合っており，主に業容の拡大に伴う増加であったことが推察される。

流動資産については，現金・預金と有価証券の回転期間は，この期間を通じてみると上昇傾向にあるが，現金・預金は1994年から1996年3月期が特に高いし，有価証券も，1995年から1997年3月期までが，特に高くなっていて，全体

としては右肩上がりだが，中ごろには膨らむ山形になっている。

売上債権回転期間はやや上昇傾向にあるが，棚卸資産回転期間は，緩やかだが下降傾向が続いている。仕入債務回転期間は1996年3月期を除いて低下傾向が続いていて，7年間で1.1か月低下している。これらの傾向を受けて，3要素総合回転期間では，上昇が続き，7年間で1か月上昇している。

総資産回転期間は，1991年3月期の11.5か月からスタートして，ピーク時の1996年3月期には，6.1か月上昇して17.6か月になったが，1997年3月期以降は流動資産が減少した結果，総資産回転期間は1998年3月期には15.1か月に低下しているが，それでも，1991年3月期と比べると，3.2か月も上昇している。基礎資金回転期間も総資産と同じような動きをしている。

この期間中に，総資産や基礎資金回転期間が上昇したのは，現金・預金及び有価証券，それに本社用地購入のために有形固定資産が増えたためである。通常の運転資本や設備投資などは，売上増に見合った動きをしており，当社では，利益で獲得したキャッシュ・フローは，成長持続のために投入しているが，残った資金は，有価証券や不動産の購入に充てて，含み益の創出に努めていることが推察される。

キャッシュ・フロー計算書による分析

・運転資本要素の分析

以上の関係をキャッシュ・フローから観察したい。

この期間においては，キャッシュ・フロー計算書が作成されていないので，表3の推定キャッシュ・フロー計算書によって分析する。

推定キャッシュ・フロー計算書では，運転資本要素は，3要素だけに限っているので，未払法人税等や前払費用などの，その他の資産や負債の増減による収支は含まれていない。

推定計算書によると，この8年間に営業活動で合計56,410百万円のキャッシュを産み出したが，内186百万円は運転資本での需要増に充当され，56,224百万円は主に，設備投資をはじめとする投資ＣＦに投入されたことが分かる。

運転資本要素は8年間の累計で186百万円のマイナスに過ぎないのだが，連

第4章 キャッシュ・フローによる分析

結ベースでは運転資本要素は7,415百万円のマイナスである。売上高が1991年3月期から1998年3月期までに45,549百万円も増えているが，1991年3月期における3要素総合回転期間は0.1か月であり，この年度の回転期間が正常値であったとすると，売上増に伴う運転資本の増加は僅かであり，7,415百万円の大部分は回転期間の上昇によるものと考えられる。

1991年3月期からでは連結ベースの3要素総合回転期間が1か月ほど上昇しているが，1991年3月期における3要素総合回転期間の0.1か月が短すぎる感じがする。この期間に連単倍数が上昇していることから，構造の違う連結子会社の売上シェアが増えたことも考えられる。1999年3月期以降も3要素総合回転期間の上昇傾向が続いていることから，運転資本構造に趨勢的な変化が起きているのかもしれない。

・利益要素の分析

次は，利益要素の検証である。

表24は，当期純利益に減価償却費を加えた償却前当期純利益と営業ＣＦの中の利益要素との差額を利益ＣＦ差額と名付け，この差額の推移法を1991年3月期から2009年3月期までの年度ごとに示したものである。

利益ＣＦ差額がマイナスの大きな数値になるのは，非資金費用や，固定資産に関する損失などが増えた場合に多く，逆粉飾や含み益経営の場合になりやすいパターンである。

反対に，非資金収益や固定資産売却益などが増えた場合には，この差額はプラスになることが多く，プラスの差額が多いのは，含み損が増えている場合に多い。

また，表24では，未払費用や前受収益などは運転資本要素には含めていないので，本来なら，運転資本要素の収支になるものが，この期間に関しては，利益要素の収支となって現れる点に注意する必要がある。

利益ＣＦ差額が第1次成長期においては，大きなマイナスの年度が多く，8年間の平均値が1,532百万円のマイナスになっていることから，この期間には，費用を過大に計上するとか，収益の計上を遅らせるなどで，含み益を増やす操

2 事務用機器メーカーA社

表24 利益CF差額推移表

(単位：百万円)

	当期利益	減価償却費	償却前利益	利益要素	利益CF差額
第1次成長期					
1991年度	1,183	1,798	2,981	4,318	−1,337
1992	1,341	1,659	3,000	5,121	−2,121
1993	2,260	2,144	4,404	5,265	−861
1994	2,713	2,987	5,700	9,074	−3,374
1995	3,219	3,250	6,469	5,288	1,181
1996	3,614	3,127	6,741	9,080	−2,339
1997	4,090	2,784	6,874	9,380	−2,506
1998	4,549	3,439	7,988	8,932	−944
平均値	2,871	2,648	5,519	7,057	−1,538
第1次停滞期					
1999	3,975	3,308	7,283	8,818	−1,535
2000	3,025	3,732	6,757	5,690	1,067
2001	1,828	5,475	7,303	6,901	402
2002	1,595	5,168	6,763	7,271	−508
平均値	2,606	4,421	7,027	7,170	−143
第2次成長期					
2003	3,124	2,389	5,513	6,725	−1,212
2004	3,604	2,276	5,880	6,846	−966
2005	3,280	2,948	6,228	8,397	−2,169
2006	2,154	3,318	5,472	5,296	176
2007	2,977	2,767	5,744	6,434	−690
2008	1,657	2,772	4,429	4,005	424
平均値	2,799	2,745	5,544	6,284	−740
第2次停滞期					
2009	−641	2,947	2,306	1,561	745

作の多いことが窺われる。

結　論

　業績の向上が続いたために，この期間において年間平均で約71億円の利益要素による営業CFを獲得している。

　1996年3月期ころまでは，営業CFの収入だけではなく，借入金も増やして，設備投資や有価証券への投資を盛んに行ってきた。

第 4 章 キャッシュ・フローによる分析

　その後も業績は順調に進行したのだが，家庭用事務機「甲」の売上が下降に転じたことなどから，危機感を抱いたのか，借入金を減らし，本社社屋の建築以外は，設備投資のスピードを緩めたし，有価証券に投下した資金の回収に着手した模様である。

　現金預金，有価証券回転期間の上昇と，本社社屋建築への投下額を除くと，1991年 3 月期から1998年 3 月期までの第 1 次成長期においては，途中の期間での変動を無視すると，流動資産及び総資産回転期間には殆ど変化がなく，回転期間からは，含み益を増やす操作が行われている可能性があるが，極端な粉飾や，逆粉飾の兆候は見当たらない。

(2)　第 1 次停滞期（1999年 3 月期から2002年 3 月期まで）

業績の推移

　1999年 3 月期には売上高は下落に転じ，2001年 3 月期までは下降が続いている。売上総利益率は1999年 3 月期までは上昇が続いているが，2000年 3 月期以降には低下に転じ，その結果，売上総利益はじめ各種利益は減少を続け，2001年 3 月期には当期純利益は1998年 3 月期の53億円の34.8％の18億円にまで落ち込んでいる。

各種回転期間の動き

　売上債権及び棚卸資産回転期間は売上減の影響で上昇が続いている。中でも棚卸資産は残高でも増加傾向が続いている。

　この期間には売上債権及び棚卸資産回転期間が上昇気味に推移し，仕入債務回転期間は短縮気味に推移した結果，3 要素総合回転期間は上昇している。急激に売上高が減少したことで，減産などの対策の遅れたことが推察されるのだが，売上債権や 3 要素総合回転期間の上昇は粉飾のパターンでもある。

　固定資産も残高が増加しているので，回転期間はこの1998年 3 月期から2002年 3 月期までの間に2.8か月も上昇している。

　3 要素総合や固定資産回転期間の上昇に伴い，総資産及び基礎資金回転期間も上昇が続いており，どちらも2002年 3 月期には下降に転じたものの，2002年

2 事務用機器メーカーA社

3月期には，1998年3月期に比べて，総資産で1.5か月，基礎資金で1.2か月の上昇となっている。

減価償却費の推移

1999年3月期には売上高は下降に転じて，2002年3月期までは下降が続くし，当期純利益の減少が続くのだが，当期純利益の減少は，2001年及び2002年3月期における減価償却費の増加にも関係がある。粗利益率は上昇を続けているので，利益の低下はそれほどでもなかったことが推定できるのだが，減価償却費の増加により，目だって当期純利益などが減少したものと思われる。

上記の2年間において減価償却費が急増した原因は，本社社屋などの減価償却費が増えたことのほかに，工具備品などの減価償却費がこの期間に大きく膨らんでいることによるが，その原因などの詳細は不明である。節税のための何らかの操作があったのかもしれない。

キャッシュ・フロー計算書による分析

・運転資本要素

運転資本要素は4年間合計で4,271百万円のマイナスになっている。

1998年3月期の3要素総合回転期間の1.16か月が正常値であったとすると，この期間内に売上高が13,670百万円減少しているので，売上減により3要素総合残高による収支が1,321百万円ほどプラスになっているはずであり，これを正常な減少とすると，正常以外では56億円ほど運転資本要素のマイナスが増えたことになる。

この期間中に3要素総合回転期間は0.61か月上昇しており，これを2002年3月期の売上高で金額に換算すると，4,164百万円のマイナスになる。3要素総合回転期間の上昇は偶発的な要因によるものである可能性があるが，不良資産の増加などのマイナス要因によるものである可能性もある。

運転資本要素の正常要因以外によるマイナスの56億円のうち，約42億円は3要素総合回転期間が伸びたことによるものであったことが推定できる。

・利益要素

表24によると，利益CF差額が第1次成長期の8年間の平均値が1,538百万

第4章　キャッシュ・フローによる分析

円のマイナスであるのに対して，第1次衰退期の4年間の平均値はマイナス143百万円になっており，利益要素が，第1次成長期の逆粉飾パターンが，第1次衰退期には粉飾パターンに変わっていくことが観察できる。

利益CF差額のプラスかマイナスかで，単純に逆粉飾や粉飾が行われていたなどと結論付けることはできないが，国村教授のいわれる経営者の裁量で増減する裁量的発生項目の存在を示している可能性があり，正常な裁量的操作による含み益や含み損の増減を示していることが多いと思われる。

結　　　論

この時期になって，売上高の成長が停滞に変わり，利益が落ち込んだ結果，このままの状態で減価償却を続けると，2003年3月期には，当期純損益が赤字になる恐れもあるなど，減価償却費が重荷になってきていることが推察される。第1次成長期には，設備を増やして，減価償却費による利益操作を行っていたが，停滞期に入ったことで，むしろ経費抑制の操作に変わった可能性もある。

全般的に，逆粉飾から粉飾のパターンに変わってきたことが窺われる。

(3)　**第2次成長期（2003年3月期から2008年3月期まで）**

業績推移

この期間においては，売上高は直線的に上昇しているが，上昇スピードは緩やかであって，2008年3月期においても，売上高ピーク時の1998年3月期の96.9％の926億円に過ぎない。粗利益率は50％以上の高い率を維持しているために，売上総利益は1998年3月期並みの470億円程度を確保しているのだが，販売費及び一般管理費が全期間を通じて増加を続けているために，経常利益及び当期純利益は減少傾向にある。販売費及び一般管理費は，1998年3月期から2008年3月期までの間でも9.7％上昇して，416億円に達しているために，経常利益は1998年3月期の99億円に対して，この期間の平均値は56億円だし，2008年3月期には1998年3月期の半分以下の47億円に低下している。

各種回転期間

棚卸資産回転期間が途中で上昇したし，仕入債務回転期間が短縮したことで，

3要素総合回転期間は2005年3月期までは上昇傾向を続け，同年度には2002年3月期に比べて1か月近く回転期間が上昇しているが，その後下降に転じ2008年3月期には2002年3月期比0.13か月増の1.93か月に収まっているが，この期間の途中では粉飾のパターンになっている。

但し，固定資産回転期間が低下傾向にあるために，総資産及び基礎資金回転期間は低下していて，低成長時代に合わせて，設備投資を抑制する方向に移行したことが窺える。

キャッシュ・フロー計算書による分析

・運転資本要素

運転資本要素は，6年間の合計で2,033百万円のマイナスになっている。

この期間中に，売上高が10,715百万円増えているので，この期間の正常3要素総合回転期間を2002年3月期の1.8か月とすると，この期間中の運転資本要素の収支は1,607百万円程度のマイナスになるはずである。ほかにも3要素総合回転期間が0.13か月増えているので，これによる運転資本要素の悪化が1,003百万円ほどあるので，合計では26億円程度のマイナスになる。これらのマイナスを除外すると運転資本要素の6年間の合計はプラス6億円となる。

これは，その他資産かその他負債の増減によるものであり，その原因は不明だが，逆粉飾的な操作によるものである可能性もある。

・利益要素

この期間における利益ＣＦ差額の平均値は，第1次成長期の約半分のマイナス740百万円であり，成長が続いているとはいえ，伸び率が低いし，経費の増加により，当期純利益がジリ貧状態を続けているものの，逆粉飾のパターンになっている。

結　　論

成長期にあるものの，経費の増加ほどには利益が増えないので，経営に焦りが見られるし，財務のパターンも粉飾のパターンに移行していることが窺われるが，それでも人員は減らさずに，高水準の試験研究を続けている。

第4章　キャッシュ・フローによる分析

(4) **第2次停滞期**

　2009年3月期に売上高が減少に転じ，当期純損益が641百万円の赤字に転じたし，2010年3月期においても，売上高が約6.9％低下し，2,200百万円の当期純損失を計上する予想になっているので，停滞期に入ったとしたのだが，この期は2009年3月期の1期だけであり，今後の推移を見ないと，結論を出せない。

3 まとめ

　当社の例では，成長期には，利益ＣＦ差額がマイナスになり，衰退期にはプラスになる傾向が見られることから，逆粉飾や粉飾ではないにしても，合法的な操作により，含み益や含み損を増減させる暗黙の利益操作が行われている可能性がある。

　また，有形固定資産に対する投資が，停滞期には重荷になって，やがては含み損に転じる可能性のあることも推察できる。

　当社としては，現在発売している機種のレベルアップのほかに，新規事業の開発が目下の急務となっており，年間40億円以上の研究開発費の支出の続くことが予想されるし，減価償却費もしばらくは高水準の状態が続くと思われるなど，厳しい経営の続くことが予想される。

　従業員数は年々増加が続いていて，1998年3月期末の1,058人が2009年3月期末には1,574名にと増え続けているし，給与・賞与は，2009年3月期には売上高の15％を超える128億円に達している。

　売上高は2009年3月期には前年度比9.6％減の839億円に低下し，2010年3月期には，さらに低下が予想されていて，2001年3月期並みの水準の780億円になる見通しである。

　2009年3月期には，この20年間では初めて最終損益の赤字になり，6億円の当期純損失を計上している。2010年3月期も2年連続して赤字になることが予想されており，赤字幅が広がって23億円の当期純損失になる見通しである。

　現在では，自己資本比率が高いことや，優良製品を抱えていて，収益基盤が堅固であることなどから，当面は，粉飾などによる経営破綻などの心配はないと考えられるが，海外での売上比率が50％に近い輸出型の企業であり，海外での市場が縮小や，円高の状態が続くと，設備についての減損処理が必要になったり，大幅な人員整理も必要になることが予想される。

　今後とも売上の減少傾向が続き，赤字が続くと，粉飾に対する注意も必要に

なると考えられる。

　長年続けてきた高額の研究開発費への投資により，新技術やノウハウなどの蓄積されていることが推察されるが，今後も高水準の研究開発への投資が続けられるかに注目する必要がある。

　余裕資産と見られる現金預金は，2001年3月期以降減少が続いているが，それでも2009年3月期末においても206億円の高い水準を維持している。

　流動資産の有価証券は2008年3月期末の123億円から2009年3月期末には33億円に減らしているし，投資有価証券も2007年3月期末の87億円に対して，2009年3月期末には17億円に激減している。

　有形固定資産中の土地残高は，1998年3月期における本社用地購入などで，土地の簿価は，1997年3月期末の42億円から2009年3月期末には181億円に増えているが，購入の時期から見て，それほど大きな含み益になっているとは考えられない。

　引当金や負債で大きく膨らんでいる項目もないので，当社では，これまでは，設備投資や，研究開発費などに多額の資金を投資して，含み益の増殖に努めていることが窺えるが，多額の資産を簿外にするなどの逆粉飾がない限り，積極的に利益を隠すような操作は行っていないことが推察される。

3　娯楽機械メーカーＢ社

1　Ｂ社について

　次に，大阪市に本社をおく東京及び大阪証券取引所第１部上場の娯楽機械製造業のＢ社を取り上げる。

　表25は，Ｂ社の1997年度から2008年度までの13期間の業績と財務の主要数値の推移を示した表である。2002年には決算期を変更して６か月間の変則年度があるので，本来の2002年度を2002⑴年度とし，次の６か月間の変則年度を2002⑵年度として区別してある。したがって，全部で13期間あるが，年間にすると12年半しかない。

第4章 キャッシュ・フローによる分析

表25 B社主要

	1997	1998	1999	2000	2001	2002(1)
売 上 高	6,479	10,406	31,097	53,062	29,525	20,496
増 減 率	12.21	19.61	58.61	100.00	55.64	38.63
売 上 総 利 益	2,501	3,899	14,427	27,229	14,126	9,752
(利 益 率)	38.60	37.47	46.39	51.32	47.84	47.58
経 常 利 益	454	386	6,405	12,433	4,313	1,459
(利 益 率)	7.01	3.71	20.60	23.43	14.61	7.12
税 前 純 利 益	456	370	5,976	11,856	4,501	−173
(利 益 率)	7.04	3.56	19.22	22.34	15.24	−0.84
当 期 純 利 益	250	69	2,638	6,329	2,460	−567
(利 益 率)	3.86	0.66	8.48	11.93	8.33	−2.77
売 上 債 権	5,073	4,829	5,445	14,143	16,073	11,192
(回転期間、月)	9.40	5.57	2.10	3.20	6.53	6.55
棚 卸 資 産	1,621	1,866	2,991	6,281	11,618	10,399
(回転期間、月)	3.00	2.15	1.15	1.42	4.72	6.09
繰 延 税 金 資 産	0	0	0	2,161	1,233	2,225
(回転期間、月)	0.00	0.00	0.00	0.49	0.50	1.30
流 動 資 産 計	12,477	13,017	23,534	41,286	39,371	33,672
(回転期間、月)	23.11	15.01	9.08	9.34	16.00	19.71
有 無 形 固 定 資 産	1,970	2,096	5,865	10,014	11,106	12,143
(回転期間、月)	3.65	2.42	2.26	2.26	4.51	7.11
投 資 等	1,207	1,359	2,708	6,071	2,723	2,567
(回転期間、月)	2.24	1.57	1.04	1.37	1.11	1.50
資 産 計	15,736	16,516	32,129	57,379	53,201	48,381
(回転期間、月)	29.15	19.05	12.40	12.98	21.62	28.33
仕 入 債 務	2,069	2,991	5,011	14,902	6,443	4,265
(回転期間、月)	3.83	3.45	1.93	3.37	2.62	2.50
借 入 金	5,981	4,757	2,119	839	10,225	9,819
(回転期間、月)	11.08	5.49	0.82	0.19	4.16	5.75
純 資 産	6,944	5,931	17,397	25,455	26,248	24,381
(回転期間、月)	12.86	6.84	6.71	5.76	10.67	14.27
基 礎 資 金	12,925	10,688	19,516	26,294	36,473	34,200
(回転期間、月)	23.94	12.33	7.53	5.95	14.82	20.02
3要素総合残高	4,625	3,704	3,425	5,522	21,248	17,326
(回転期間、月)	8.57	4.27	1.32	1.25	8.64	10.14

3　娯楽機械メーカーB社

財務数値推移表

(単位：百万円)

2002(2)	2003	2004	2005	2006	2007	2008
8,346	13,133	24,658	53,468	14,389	19,978	11,357
31.46	24.75	46.47	100.77	27.12	37.65	21.40
4,157	6,175	9,964	22,868	5,756	967	3,690
49.81	47.02	40.41	42.77	40.00	4.84	32.49
145	−1,412	2,638	10,517	−1,641	−6,603	−2,039
1.74	−10.75	10.70	19.67	−11.40	−33.05	−17.95
−830	−3,274	1,199	9,593	−4,312	−12,343	183
−9.94	−24.93	4.86	17.94	−29.97	−61.78	1.61
−529	−6,411	1,174	7,940	−4,423	−12,370	122
−6.34	−48.82	4.76	14.85	−30.74	−61.92	1.07
10,993	5,717	13,462	10,252	4,349	6,943	6,053
15.81	5.22	6.55	2.30	3.63	4.17	6.40
9,788	9,630	6,428	16,509	16,495	7,539	6,385
14.07	8.80	3.13	3.71	13.76	4.53	6.75
2,777	0	0	14	0	0	0
3.99	0.00	0.00	0.00	0.00	0.00	0.00
32,014	21,881	25,333	51,607	30,180	22,340	15,083
46.03	19.99	12.33	11.58	25.17	13.42	15.94
12,508	11,706	11,181	10,420	8,277	8,162	3,918
17.98	10.70	5.44	2.34	6.90	4.90	4.14
2,320	2,854	1,466	2,658	4,191	3,321	571
3.34	2.61	0.71	0.60	3.50	1.99	0.60
46,842	36,443	37,981	64,686	42,648	33,823	18,573
67.35	33.30	18.48	14.52	35.57	20.32	19.62
3,452	3,143	8,379	18,685	4,890	7,687	5,033
4.96	2.87	4.08	4.19	4.08	4.62	5.32
9,826	10,372	4,769	12,685	12,981	12,946	1,349
14.13	9.48	2.32	2.85	10.83	7.78	1.43
23,749	11	20,018	27,948	21,900	9,536	9,753
34.15	0.01	9.74	6.27	18.26	5.73	10.31
33,575	10,383	24,787	40,633	34,881	22,482	11,102
48.27	9.49	12.06	9.12	29.09	13.50	11.73
17,329	12,204	11,511	8,076	15,954	6,795	7,405
24.92	11.15	5.60	1.81	13.31	4.08	7.82

粉飾をすると，資産の回転期間が上昇するか，負債の回転期間が低下する可能性があるし，逆粉飾では，その逆の現象が起こる可能性がある。そこで，資産回転期間の上昇または負債回転期間の低下を粉飾のパターンとし，資産回転期間の低下または負債回転期間の上昇を逆粉飾のパターンとの前提の下に，表25の分析を行う。

ただし，逆粉飾や粉飾のパターンになっているからといって，必ずしも逆粉飾や粉飾が行われていたことを意味するものではないことにご注意戴きたい。何らかの事情で，たまたま，逆粉飾や粉飾のパターンになっていることもある。あるいは，意図的な逆粉飾ではないが，合法的な操作の結果，逆粉飾などのパターンになることもあろう。

ここでは，パターンに注目して，教材としてB社の事例を取り上げたものである。

2　逆粉飾のパターンについて

表25の期間では，B社の売上高は，2000年度までは上昇が続いた後に，2003年度までは減収が続き，2002，2003年度は当期純損益が赤字になっている。

2004年度及び2005年度は増収に転じ，2005年度には過去最高の79億円の当期純利益を計上しているが，2006年度以降は再び大幅減収に転じ，2006年度以降は経常損益の段階から赤字になっているし，2007年度には当期純損失が124億円に上っている。

この業績の推移から考えて，2000年度までと，2004，2005年度には，逆粉飾が行われやすい状況にあるし，2002，2003年度及び2006年度以降は粉飾が行われやすい状況になっている。

以下において，2000年度までを第1次繁栄期，2001年度から2003年度までを第1次停滞期，2004及び2005年度を第2次繁栄期とし，2006年度以降を第2次停滞期とし，時期ごとの財務パターンの変化などにより，逆粉飾，粉飾の存在

の可能性を探って見たい。

3　3要素総合回転期間

　流動性科目から検討を始めることとし，売上債権，棚卸資産及び仕入債務の3要素を取り上げる。

(1)　売上債権

　売上債権回転期間は，売上高が最低であった1997年度には9.40か月であったものが，売上高が約5倍に増えた1999年度には2.10か月に低下しているなどで，売上高増減の影響を大きく受けていることが分かる。

　売上債権には長期の延払売掛金が含まれている模様であり，年次売上高だけでは回転期間の計算が正確には行えないことのほかに，売上債権のような流動性の強い科目の回転期間を，年次売上高で計算していることにも関係がある。売上債権の回収期間が4か月程度であったとすると，売上債権の残高は，年度末の4か月間の売上高の影響を強く受けるのであり，年度初からの8か月間の売上高とは関係が薄い。年間を通じて売上が同じ動きをするのならよいが，例えば，年度の前半と後半とで売上高に差がある場合，残高に関係の薄い前半期の売上高を含む年次売上高で回転期間を計算すると，実態とは離れた回転期間が算出される恐れがある。

　当社の売上債権回転期間の計算においては，長期延払債権については年次売上高だけでは不充分だし，通常の債権については，年次売上高では長すぎるという問題がある。

　そこで，四半期ごとの売上高と売上債権残高により回転期間を計算したのが，表26である。表26では売上債権とともに棚卸資産及び仕入債務も記載してあり，3要素総合残高と回転期間も記載してある。ただし，2004年度以前は四半期情報が公表されていないので，半期の数値によっている。

第4章 キャッシュ・フローによる分析

表26　B社四半期ごと分析表　　　　　　　（単位：百万円）

		累計売上高	期間単独売上高	売上総利益	売上債権	売上債権回転期間	棚卸資産	棚卸資産回転期間	仕入債務	仕入債務回転期間	3要素	3要素回転期間
98／6 (個)	Ⅱ／Ⅳ	4,248	4,248	1,340	5,404	7.63	1,820	2.57	2,169	3.06	5,055	7.14
	Ⅳ／Ⅳ	10,563	6,315	3,815	5,023	4.77	1,674	1.59	2,971	2.82	3,726	3.54
	通期	10,563				5.71		1.90		3.38		4.23
99／6	Ⅱ／Ⅳ	13,014	13,014	5,705	8,674	4.00	3,320	1.53	7,942	3.66	4,052	1.87
	Ⅳ／Ⅳ	22,350	9,336	9,887	6,974	4.48	2,572	1.65	3,751	2.41	5,795	3.72
	通期	22,350				3.74		1.38		2.01		3.11
00／6 (連)	Ⅱ／Ⅳ	14,793	14,793	6,504	9,781	3.97	2,305	0.93	6,869	2.79	5,217	2.12
	Ⅳ／Ⅳ	53,062	38,269	27,229	14,143	2.22	6,281	0.98	14,902	2.34	5,522	0.87
	通期	53,062				3.20		1.42		3.37		1.25
01／6	Ⅱ／Ⅳ	15,806	15,806	734	16,017	6.08	11,822	4.49	12,784	4.85	15,055	5.71
	Ⅳ／Ⅳ	29,525	13,719	14,126	16,073	7.03	11,618	5.08	6,443	2.82	21,248	9.29
	通期	29,525				6.53		4.72		2.62		8.64
02／6	Ⅱ／Ⅳ	11,777	11,777	6,722	14,056	7.16	9,674	4.93	4,004	2.04	19,726	10.05
	Ⅳ／Ⅳ	20,496	8,719	9,752	11,192	7.70	10,399	7.16	4,265	2.93	17,326	11.92
	通期	20,496				6.55		6.09		2.50		10.14
02／12	Ⅱ／Ⅱ	8,346	8,346	4,157	10,993	7.90	9,788	7.04	3,452	2.48	17,329	12.46
03／12	Ⅰ／Ⅳ	2,855	2,855									
	Ⅱ／Ⅳ	5,549	2,694		8,923	9.65	11,396	12.32	3,949	4.27	16,370	17.70
	Ⅲ／Ⅳ	9,632	4,083									
	Ⅳ／Ⅳ	13,132	3,500		6,717	5.31	9,630	7.62	3,143	2.49	13,204	10.45
	通期	13,132				6.14	9,630	8.80	3,143	2.87	6,487	12.07
04／12	Ⅰ／Ⅳ	2,787	2,787									
	Ⅱ／Ⅳ	6,593	3,806		4,829	4.39	4,920	4.48	2,835	2.58	6,914	6.29
	Ⅲ／Ⅳ	11,510	4,917									
	Ⅳ／Ⅳ	24,658	13,148		13,462	4.47	6,428	2.13	8,379	2.78	11,511	3.82
	通期	24,658		2,621	13,462	6.55	6,428	3.13	8,379	4.08	11,511	5.60
05／12	Ⅰ／Ⅳ	13,257	13,257	2,694	14,567	3.30	11,176	2.53	14,317	3.24	11,426	2.59
	Ⅱ／Ⅳ	36,834	23,577	8,465	21,648	2.75	7,835	1.00	14,986	1.91	14,497	1.84
	Ⅲ／Ⅳ	46,432	9,598	9,954	13,419	4.19	9,432	2.95	11,289	3.53	11,562	3.61
	Ⅳ／Ⅳ	53,468	7,036		10,252	4.37	16,509	7.04	18,685	7.97	8,076	3.44
	通期	53,468		10,237	10,252	2.30	16,509	3.71	18,685	4.19	8,076	1.81
06／12	Ⅰ／Ⅳ	2,914	2,914	−479	4,756	4.90	17,633	18.15	12,388	12.75	10,001	10.30
	Ⅱ／Ⅳ	7,564	4,650	−661	5,289	3.41	15,934	10.28	4,714	3.04	16,509	10.65
	Ⅲ／Ⅳ	10,508	2,944	−1,048	4,812	4.90	17,330	17.66	5,470	5.57	16,672	16.99
	Ⅳ／Ⅳ	14,388	3,880		4,349	3.36	16,495	12.75	4,890	3.78	15,954	12.34
	通期	14,388		−1,785	4,349	3.63	16,495	13.76	4,890	4.08	15,954	13.31
07／12	Ⅰ／Ⅳ	2,451	2,451	−760	4,162	5.09	16,915	20.70	3,707	4.54	17,370	21.26
	Ⅱ／Ⅳ	11,004	8,553	−1,145	7,867	2.76	12,994	4.56	5,689	2.00	15,172	5.32
	Ⅲ／Ⅳ	14,845	3,841	−2,283	6,010	4.69	16,374	12.79	9,943	7.77	12,441	9.72
	Ⅳ／Ⅳ	19,978	5,133		6,943	4.17	7,539	4.41	7,687	4.49	6,795	3.97
	通期	19,978		−6,535	6,943	4.17	7,539	4.53	7,687	4.62	6,795	4.08
08／12	Ⅰ／Ⅳ	1,851	1,851	−570	4,322	7.00	7,823	12.68	2,174	3.52	9,971	16.16
	Ⅱ／Ⅳ	4,268	2,417	−1,126	3,149	3.91	7,310	9.07	1,478	1.83	8,981	11.15
	Ⅲ／Ⅳ	5,328	1,060	−2,283	2,405	6.81	6,014	17.02	1,318	3.73	7,101	20.10
	Ⅳ／Ⅳ	11,357	6,029		6,053	3.01	6,385	3.18	5,033	2.50	7,405	3.68
	通期	11,357		−1,735	6,053	6.40	6,385	6.75	5,033	5.32	7,405	7.82

3 娯楽機械メーカーB社

　四半期情報による回転期間では，極端な回転期間のブレがなくなり，特に売上高が少ない年度を除くと，売上債権回転期間は，概ね3か月から5か月程度の範囲で変動しており，売上高の変動の影響を受けるものの，売上高とはかなり高い比例関係にあることが推察される。表26の各四半期（または各半期）の回転期間について，特に売上高が少なく，回転期間が長くなっている1998年度，2002(2)年度及び2003年度を除いて回転期間を単純に平均すると，4.71か月になる。4.71か月を売上債権の正常回転期間とする。

(2)　棚 卸 資 産

　棚卸資産は四半期情報によっても，回転期間が大きく変動している。棚卸資産も原則として売上高に従って増減するのだが，投機的，あるいは政策的に棚卸資産を増やすことが多いために，回転期間が不規則な動きをすることが推察される。

(3)　仕 入 債 務

　仕入債務は，売上債権と似た動きをしているので，売上債権で用いたのと同じ期間についての平均値を計算すると，3.72か月になる。3.72か月を仕入債務の正常回転期間とする。

(4)　3要素総合

　棚卸資産についての投機的，政策的な変動部分を除いた原則的な回転期間を2か月とすると，3要素総合回転期間の正常値は

　　売上債権4.71か月＋棚卸資産2か月－仕入債務3.72か月≒3か月

となる。

　以上の仮定が実態にあっているとすると，当社では，売上高の増減に従って，年間の売上増減高の3か月分の3要素総合残高が増減することになる。

(5) 正常増減高と異常増減高の分別

3要素総合残高のうち，売上高の3か月分を正常残高とすると，この正常残高と実際残高の差額は異常残高になる。異常残高には，棚卸資産の投機的，政策的変動部分や偶発的な変動部分も含まれているが，一応，この全額を暗黙の利益操作金額とする。

表27は，3要素総合残高の年度ごとの増減高を(3)列目に記載してある。

3要素総合残高の年度ごとの増減高としては，キャッシュ・フロー計算書の数値を利用する。

表27　3要素総合残高増減高の正常，異常の分別表　（単位：百万円）

	売上高 (1)	売上増減 (2)	3要素増減 (3)	正常増減 (4)	異常増減 (5)
第1次繁栄期					
98	10,406	3,927	939	−982	1,921
99	31,097	20,691	−2,108	−5,173	3,065
00	53,062	21,965	−2,097	−5,491	3,394
平均					2,795
第1次衰退期					
01	29,525	−23,537	−15,726	5,884	−21,610
02(1)	20,496	−9,029	3,922	2,257	1,665
02(2)	8,346	−3,803	−3	951	−954
03	13,133	−3,559	5,125	890	4,235
平均					−4,166
第2次繁栄期					
04	24,658	11,525	693	−2,881	3,574
05	53,468	28,810	3,435	−7,203	10,638
平均					7,106
第2次衰退期					
06	14,389	−39,079	−7,878	9,770	−17,648
07	19,978	5,589	9,159	−1,397	10,556
08	11,357	−8,621	−610	2,155	−2,765
平均					−3,286

表27では，売上高の増減は，増加をプラス，減少をマイナスで記載してあるが，3要素総合残高の増減については，増加をマイナスで，減少をプラスで記

3 娯楽機械メーカーB社

載してある。

　表27の(4)列目には，売上高増減に伴う3要素総合残高の増減高を正常増減高として記載してあるが，各年度の売上増減高に3月／12月＝0.25を掛けて計算した数値である。

　(3)列目の増減高から(4)列目の正常増減高を控除した金額を異常増減高とし，(5)列目に記載してあるが，ここでは，この全額を取り敢えずは「暗黙の利益操作高」とみなすことにする。

　表27で，異常増減高がプラスになるのは，資産の回転期間が短縮したか，負債の回転期間が伸張したことによるので，これは逆粉飾のパターンである。異常残高がマイナスになるのは，反対のケースであり，粉飾のパターンである。

　表27の異常残高は，大部分の年度で，繁栄期にはプラスに，停滞期にはマイナスになっており，繁栄期の平均値では大きなプラスの数値に，停滞期の合計値では，大きなマイナスの数値になっている。このことから，異常増減高は繁栄期には逆粉飾のパターンに，停滞期には粉飾のパターンになる傾向のあることが分かる。

　異常増減の多くは，棚卸資産の増減によるものであることが推察されるので，棚卸資産が暗黙の利益操作に利用されている可能性がある。

　棚卸資産については，繁栄期の最終年度の，2000年度と2005年度に大幅に増えており，衰退期に入っても暫くは高水準の残高が続いている。これは，含み益を増やすために，繁栄期に在庫を大幅に増やしたが，その後，急速に衰退期に突入したため，在庫処分が遅れたことを示している可能性があり，棚卸資産が暗黙の利益操作目的に利用されていることが窺われる。

　ただ，毎年，多額の棚卸資産の処分損や評価損を計上していて，2006，2007年度において，特に多額の損失を計上していることから見て，棚卸資産による暗黙の利益操作は，不況の深刻化により，結局は失敗に終わった可能性が高い。

第4章　キャッシュ・フローによる分析

4　有形・無形固定資産について

　表25では，有形固定資産と無形固定資産の合計を有無形固定資産として記載しているが，無形固定資産の金額は僅かである。

　有無形固定資産の残高は2000年度までは飛躍的に増加して，2000年度には100億円台に達したのだが，その後は2002(1)年度まではなだらかな増加に変わり，2002(1)年度には125億円に達した。その後は減少に転じ，2007年度には82億円，2008年度には39億円に激減している。

　これを回転期間で見ると，2000年度までは，売上増に見合った増加であったために，回転期間は3～4か月で安定的に推移しているが，売上高が低下に転じた2001年以降は，残高の増加がなだらかになったし，2003年度には残高が減少に転じているのに，回転期間の大幅上昇が続き，2003年度には10.7か月に達している。2004及び2005年度は売上高が増加したために，回転期間は再度下降に転じ，2006年度以降は2～4か月台で不規則な動きをしている。

　2008年度には本社社屋を売却したし，一部事業の譲渡に伴い資産も売却している。その際に多額の売却損や除却損を計上しているために，有無形固定資産残高は，前年度の7,571百万円から，2,365百万円に減少したが，売上高が激減したために，有無形固定資産回転期間は，7.1か月から9.0か月にと，逆に上昇している。

　当社のように年度ごとの売上高の変動の激しい企業では，固定資産のような固定性の強い項目については，回転期間分析はあまり効果的ではなく，残高の増減による方が実態を理解しやすい。

　残高でみると，当社では成長の持続を目指して2002(2)年度までは，有無形固定資産を増やし続けたし，その後も，応分の資金を投入して有無形固定資産の調達を続けていて，残高を緩やかな減少に押さえている。

　2008年度になって，売上高の回復に見切りをつけたのか，大規模な整理により有無形固定資産残高を半分以下の39億円に減らした。この際に約16億円の売

却・除却損を計上している。当社で，有無形固定資産を長年増やし続けたのは，含み益を増やす意図によるのかどうかまでは分からないが，過剰状態が永く続くと，結局は含み損になることを示している。

5　投資その他の資産

表28は投資その他の項目別の推移表である。

表28　投資その他残高推移表　　　　　　（単位：百万円）

	投資有価証券	貸付金	繰延税金資産	その他	貸倒引当金	合計
1998	536	477		350	−4	1,359
1999	987	868		858	−5	2,708
2000	1,201	3,479		1,405	−14	6,071
2001	1,071		796	856	0	2,723
2002(1)	854		843	869	0	2,566
2002(2)	628		706	1,003	−18	2,320
2003	891		283	1,777	−96	2,854
2004	270		191	1,266	−262	1,466
2005	1,685		90	1,216	−333	2,658
2006	3,529		55	1,117	−511	4,191
2007	2,581		46	927	−233	3,321
2008	369			695	−493	571

　投資有価証券は1年程度ずれることがあるが，繁栄期に増加し，停滞期に減少する傾向があり，繁栄期には含み益を創出する目的で保有高を増やし，停滞期には保有高を減らす傾向が現れている。
　ただ，当社のように売上高変動の激しい企業では，表29で見るとおり，売上高に対する減価償却費の比率が10％を超える年度が多く，この企業での平均的な粗利益率が40％を超える高いものであることを考慮に入れても，停滞期には

第4章 キャッシュ・フローによる分析

表29 減価償却費分析表
(単位：百万円)

	売上高	有形固定資産残高	減価償却費	対売上高償却率	対残高償却率	当期純損益
2000	53,062	10,014	866	1.63	8.65	6,329
2001	29,525	11,106	1,541	5.22	13.88	2,460
2002	20,496	12,143	1,885	9.20	15.52	−567
2003(1)	8,346	12,508	1,044	12.51	16.69	−529
2003(2)	13,133	11,706	2,109	16.06	18.02	−6,411
2004	24,658	11,181	2,005	8.13	17.93	1,174
2005	53,468	10,420	1,910	3.57	18.33	7,940
2006	14,389	8,277	1,509	10.49	18.23	−4,423
2007	19,978	8,162	1,227	6.14	15.03	−12,370
2008	11,357	3,918	950	8.36	24.25	122

減価償却費の負担の過重になることが推察される。また，2006年度から2008年度までの3年間に，合計で16億円以上の処分損失を計上して，3億円台にまで残高を減らしており，保有の意図に反して，結局は含み損になったことが推察される。

その他の資産についても同様の傾向が見られる。その他の資産の内容は分からないが，暗黙の利益操作に利用された可能性がある。

6　総資産回転期間

逆粉飾は，通常は，資産の過少表示か，負債の水増しにより実行されるのだが，これまでの分析では，繁栄期には，有形固定資産や投資などを増やして含み益を増やす操作が行われる可能性があり，逆粉飾には資産の過少表示とともに，資産の膨張をも伴うことが予想される。

また，流動性の科目と固定性の科目とでは，資産増減のパターンに違いがあ

3 娯楽機械メーカーB社

り，それらの総合である総資産では，その影響が複雑になることが予想される。表25によると，総資産回転期間が1999年度までは下降が続いたし，2000年度も低い水準に留まっている。その後は上昇に転じ，2002(1)年度までは上昇が続いているし，2002(2)年度も，2001(1)並みの高い水準になっている。2002(2)年度から2005年度までは下降が続いているが，2006年度には大幅に上昇し，その後は下降に向かっている。

売上高と総資産回転期間の年度ごとの動きを示したのが表30である。総資産回転期間は，売上高の動きよりもやや遅れて変動することがあることを考えると，停滞期には総資産回転期間が上昇し，繁栄期に下降する傾向のあることを示している。

表30　業績と総資産回転期間の関係の推移　　（単位：百万円）

	2000年度	2001～3年度		2004、5年度		2006年度以降
期間の分類	繁栄期	停滞期		繁栄期		停滞期
回転期間	ボトム	上昇	ピーク	下降	ボトム	上昇

資産回転期間の上昇は，粉飾の存在を示す可能性があるし，下降は逆粉飾の存在を示す可能性があるとすると，繁栄期には逆粉飾のパターンが，停滞期には粉飾のパターンが現れていることになる。

ただ，当社のように，年度ごとの売上高の変動が激しい企業については，固定的要素を多く含む総資産についての回転期間分析の効果には限界があることに注意する必要がある。

総資産回転期間は，粉飾により上昇する可能性があるのだが，売上高の上昇期には実態よりも高く計算されるし，売上高の下降期には低く計算される傾向がある。これは売上高の上昇期には，回転期間の計算において分子になる資産などの残高は，売上高が上昇しきった期末近辺の時期の状況に影響されて，膨らむ傾向があるが，分母となる売上高は年間で平均された金額によることから生じるし，売上下降期にはその逆の現象が起こるからである。

反対に，総資産には，売上高とは無関係な，あるいは関係の少ない固定的な

資産残高があり，固定的な部分の影響で，売上高の上昇期には，回転期間は低く計算され，売上高の下降期には，回転期間は高く計算される傾向がある。

　回転期間を総資産の構成要素ごとに見ると，売上債権及び棚卸資産，したがって，流動資産全体も総資産と同様の動きをしているので，回転期間の動きは主に，売上高の増減の影響を受けて変動しており，逆粉飾や粉飾とは無関係であることも考えられる。

7　基礎資金回転期間について

　基礎資金回転期間は，2004，2005年度に大幅に低下し，2005年度にボトムに達した後に，2006年度には大幅に跳ね上がっている。

　利益が出ると，利益により創出されたキャッシュ・フローにより借入金の返済が行われるなどで，基礎資金が減少する傾向がある。ただし，利益を正しく計上していると，その分だけ純資産が増えるので，基礎資金残高は原則として利益の影響は受けない。ただし，基礎資金による分析においては，純資産の増減高から，増資などによる増減高を除去する必要がある。

　逆粉飾により利益隠しを行うと，利益が生み出した資金により，借入金の返済が行われる結果，借入金が減少するが，純資産は増えないので，基礎資金が減少し回転期間が低下することが推定されるので，基礎資金回転期間が逆粉飾発見に役立つと考えられるのである。

　粉飾の場合には，反対の現象が起こって，基礎資金回転期間が上昇することが推定される。

　B社で，2004，2005年度に基礎資金回転期間が大幅に低下し，2006年度には大幅に上昇しているのは，この想定に一致する。ただし，基礎資金についても，総資産と同じ理由で，回転期間分析の効果に限界があることに注意が必要である。

3 娯楽機械メーカーB社

8 キャッシュ・フロー計算書による分析

営業CFのうち運転資本要素については,(3)において,3要素総合残高の変動高を正常変動高と異常変動高に分けることを検討したので,ここでは,営業CFの利益要素についても同様のことを検討する。

表31は1998年度から2008年度までの営業CFの推移表である。

表31 営業CF推移表

(単位:百万円)

	98/6	99/6	00/6	01/6	02/6	02/12	03/12	04/12	05/12	06/12	07/12	08/12
税前利益	646	5,042	11,855	4,501	−179	−830	−3,274	1,199	9,593	−4,312	−12,343	183
減価償却費	276	285	866	1,541	1,885	1,044	2,109	2,005	1,910	1,509	1,227	950
諸 調 整	635	26	3,092	1,448	−793	1,036	−1,223	729	−1,442	−1,622	1,485	−2,931
法人税等	−151	−556	−4,687	−6,063	−1,076	−472	−132	−10	−39	−1,635	−87	64
利益要素計	1,406	4,797	11,126	1,427	−163	778	−2,520	3,923	10,022	−6,060	−9,718	−1,734
売上債権	50	−1,951	−8,698	−1,930	4,881	199	5,276	−7,745	3,210	5,903	−2,594	890
棚卸資産	−13	−937	−3,290	−5,337	1,219	611	158	3,202	−10,081	14	8,956	1,154
仕入債務	902	780	9,891	−8,459	−2,178	−813	−309	5,236	10,306	−13,795	2,797	−2,654
運転資本要素計	939	−2,108	−2,097	−15,726	3,922	−3	5,125	693	3,435	−7,878	9,159	−610
営業CF	2,345	2,689	9,029	−14,299	3,759	775	2,605	4,616	13,457	−13,938	−559	−2,344

営業CFのうち利益要素がその時々の本当の収益性を伝えるとすると,意図的であれ,暗黙であれ,利益操作を行うと,当期純損益と利益要素の間の差が,利益操作の金額を示す可能性がある。

そこで両者を比べてみたいが,そのためにまず,両者を同一基準にそろえる必要がある。

まず,利益要素には減価償却費が含まれているが,当期純損益には含まれていない。

次に,法人税等について,当期純損益と利益要素には計上時期と支払時期にギャップがある(以下,税金差異という)が,税金差異は,業績にも利益操作には関係のない差異なので,この金額についても両者間で調整する必要がある。そこで,これらを調整した後の差異額を利益CF差額とすると,

第4章　キャッシュ・フローによる分析

利益ＣＦ差額＝当期利益－（営業ＣＦ－減価償却費－税金差異）

利益ＣＦ差額は，上の式で計算できる。

表32では，繁栄期には利益ＣＦ際はマイナスになり，停滞期にはプラスになる傾向を示している。

表32　利益とＣＦ対比表　　　　　　（単位：百万円）

	当期利益 (＋)	利益要素 (－)	減価償却 (＋)	税金差異 (＋)	利益ＣＦ差異 (＝)
第1次繁栄期					
1998	69	1,406	276	55	−1,006
1999	2,638	4,797	285	424	−1,450
2000	6,329	11,126	866	485	−3,446
年平均					−1,967
第1次停滞期					
2001	2,460	1,427	1,541	−4,295	1,721
2002(1)	−567	−163	1,885	−1,104	377
2002(2)	−529	778	1,044	−713	−976
2003	−6,411	−2,520	2,109	3,005	1,223
年平均					586
第2次繁栄期					
2004	1,174	3,923	2,005	15	−729
2005	7,940	10,022	1,910	1,614	1,442
年平均					357
第2次停滞期					
2006	−4,423	−6,060	1,509	−1,533	1,613
2007	−12,370	−9,718	1,227	−67	−1,492
2008	122	−1,734	950	3	2,809
年平均					977

マイナスは，キャッシュ・フローの利益要素の方が利益よりも多いことを意味し，キャッシュ・フローが利益操作などの影響を受けずに，実態を示す可能性のあることを考慮すると，マイナスが逆粉飾，プラスが粉飾を示す可能性がある。

3 娯楽機械メーカーB社

付表　税金差異額計算表

(単位：百万円)

	税金等調整前当期純利益	法人税等	過年度税	調整額	調整後税額	支払税額	税金差異
2000	11,856	−7,229		2,057	−5,172	−4,687	485
2001	4,501	−1,018	119	−869	−1,768	−6,063	−4,295
2002(1)	−173	−897	−38	963	28	−1,076	−1,104
2002(2)	−830	−257	−	518	261	−472	−713
2003	−3,274	−88	113	−3,162	−3,137	−132	3,005
2004	1,199	−30	70	−65	−25	−10	15
2005	9,593	−1,587	−	−66	−1,653	−39	1,614
2006	4,312	−17	−36	−49	−102	−1,635	−1,533
2007	−12,343	−19	8	−9	−20	−87	−67
2008	183	−15		−46	−61	64	3
合計	15,197	−11,157 (73.4%)					

9　まとめ

　当社については，意図的で大掛かりな逆粉飾は見つからないが，繁栄期には，設備や有価証券への投資を増やして，含み益を増やす利益操作が行われている可能性がある。

　3要素などの運転資本要素を利用した暗黙の利益操作が行われている可能性もあり，特に，棚卸資産に多額の資金を投下している。ただ，有形固定資産や棚卸資産を利用した暗黙の利益操作は，不況の長期化により，あるいは，需要の構造的な変化により，結局は失敗に終わったことが推察される。

（注1）　拙稿「倒産予知のための財務分析」商事法務研究会，1985年3月刊
（注2）　拙著「最近の粉飾－その実態と発見法（第2版）」税務経理協会，2008年8月刊

第5章
労働組合のための財務教室

1 はじめに
2 内部留保と雇用問題
3 特殊な利益減らしについて
4 利益隠しなどの見破り方
5 内部統制制度と労働組合
6 経営者へのお願い

1 はじめに

　逆粉飾により損失を被る可能性のある利害関係者として，従業員と，労働組合を挙げることができる。

　賃上げ交渉や，ボーナス闘争などにおいては，会社の業績や財政状態が，昇給などの条件を決める重要な要素になるし，業績が決定的な基準になることが多いと思われる。したがって，公正な交渉を進めるには，労働組合と会社側とは，同程度の水準の財務情報を入手していることが望ましいのだが，実際問題として両者の間には，入手できる財務情報の質と量に雲泥の差があり，情報の面からは，労働組合は不利な立場に立たされるのが普通である。

　また，労働組合側は，逆粉飾などで，歪められた決算書しか入手できないのでは，公正な交渉をすすめることなど，最初から期待できない。

　そこで，本書の締めくくりとして，労働組合が会社の逆粉飾にごまかされることなく，正しい財務情報による知識をもとに，会社側と公正な賃上げ交渉などが行えることを目的として，労働組合のための決算書の見方教室を設けた。

　第2章で紹介した山口孝氏の"新会計基準による大企業の利益隠しの手法"では，2000年4月1日以降に始まる会計期間から適用が開始された新しい会計制度の発足にあたり，「会計は現実の企業の経済過程の正確な反映（鏡）ではなく，制定者の意見（理念，概念，手続き）の反映である。だからこそ従業員や労働組合が必要とする役員の俸給や，従業員の就業時間の短縮にも必要な職種別就業人員，労働時間，人件費などは公表しない。新会計制度のもとでの会計の計算と開示について分析能力を高めるとともに，従業員・労働組合を中心とする広い利害関係者の立場からの大会社の経営・会計批判が望まれる」と書いている[注1]。

　その後，財務情報の開示は改善されてはいるが，まだまだ不十分だし，不適

第5章 労働組合のための財務教室

切会計処理も後を絶たない。山口氏が指摘するように，分析能力を高めて，従業員・労働組合を中心とする利害関係者の立場からの会社の経営・会計批判が望まれる状態には変わりがない。

ただ，本章で筆者は，会社に喧嘩を売るために，理論武装をせよと言うつもりはない。一つの運命共同体の構成員である労使の交渉では，最初から相互の信頼関係の存在が基礎になる。

社内の各分野から幅広い人材を集めることができる労働組合を，智恵ものそろいの会社といえども簡単に騙しおおせるものではない。ところが，労働組合側で無知をさらし出すと，会社側でも，騙すつもりがなくても，つい騙したくなって，会社側に有利になるような嘘をついてしまうことになる。

また，両者が猜疑心の塊になって，対立しあうのでは，まとまる話もまとまらないし，日常の仕事にまで対立を持ち込んで，業績にも悪影響を与えることになる。

お互いに対等の立場で議論ができるように，労働組合側でも，それなりの知識を持ち，分析技術を磨いておく必要があるとの考えから，本章を書き進める。

2 内部留保と雇用問題

1 内部留保を使えば雇用は維持できる

　非正規従業員の解雇が大きな社会問題になっているなかで、解雇の波は正規従業員にまで及んできている。雇用を守る手段として、企業が過去の利益を蓄積してきた「内部留保」に熱い視線が注がれている(注2)。

　平成21年1月18日付の赤旗日曜版によると、国会において、「大企業がためこんだ内部留保を使えば雇用は維持できる」と迫った共産党・笠井亮衆議院議員の質問に、麻生首相は「内部留保の扱いについては、(活用するよう)重ねて言わねばならない」と答弁している。

　さらに、「個々の企業にとっては、人員削減によって瞬間的には財務状態をよくすることになるかもしれない。しかし、解雇がいっせいにおこなわれると、消費がいっそう落ち込み、日本経済と社会の前途を危うくする。いっせい大量解雇は、企業の存立・発展をも脅かす自殺行為ではないか」との笠井議員の質問に対し、麻生首相は「おっしゃる通りだ」と答弁している。

　河村官房長官も記者会見で「雇用の維持に最大の力を果たしていく。これも企業の社会的責任の一つだ。日本の企業の経営にそういう視点があってもいいのではないか」との意見を述べているし、国会答弁で、「内部留保の活用も、労働分配率を増やすことも（企業側に）考えていただく。そういうことは経営者団体などを通じて積極的に要請してまいりたい」と答えている(注3)。

2　内部留保は設備投資に優先使用すべきか

　これに対して，日本経済新聞の西條郁夫編集委員は，「ここに一つの誤解があるのではないか」，と疑問を投げかけている^(注4)。
　「内部留保は過去の利益など累計した数字であって，その多くは生産設備などに再投資されている。『自動車業界の内部留保は29兆円』といっても，それだけのキャッシュが『埋蔵金』として積み上がっているわけではない。金融収縮のなかで，相当な大企業といえども日々の資金繰りに苦労しているのが実態だ」というのだ。
　だが，西條氏の主張には二つの誤解がある。
　一つは，「内部留保の多くは生産設備などに投資されている」という点である。この主張には，内部留保の多くは，生産設備などに投資されるべきもので，従業員のためには使うべきではない，との考えが背景にあると思われるが，内部留保は生産設備などに投資されるべきものとの考えはおかしい。

3　設備投資と減価償却

　設備投資などは，既存の設備など更新のために，減価償却により社内に蓄積されている，減価償却累計額を引当てにして実行されるものであって，内部留保を使うのは，全く新しい種類の設備を建設して，新分野に進出する場合や，将来の成長のために，追加投資をして設備能力を増やしたり，効率を向上させる場合などである。
　時間の経過や使用によっても価値が減ることのない土地のような永久資産を除いて，固定資産には寿命がある。ただし，長期間使用するものなので，使用期間の経過や価値の低下に応じて，部分的に使用期間中の各年度の費用に計上していく。この手続きを減価償却という。

2 内部留保と雇用問題

　一番簡単な減価償却の方法は定額法といって，例えば，5年の寿命のあるもの（寿命年数のことを耐用年数という）なら，毎年5分の1ずつ減価償却費という名称の費用に計上すると同時に，固定資産の簿価を減価償却実施額だけ減価していくのである。その結果，5年後には帳簿価額はゼロになるし，固定資産を取得したときの金額相当額の減価償却累計額が累積されるのである（話を単純化させるために残存価額のことはここでは無視する）。

　会社が売上などで利益を上げると，利益は最終的には現金や預金となって会社に残る。利益を上げるために費用の支出があるので，費用を差し引いた残りが，純利益になるし，最終的には，純利益相当額の現金などが増える。その一部は内部留保として，社内に積み立てられるのである。

　但し，費用であっても，減価償却費は，現金などの支出を伴わない費用であり（購入時に支払われている），減価償却累計額はそのまま現金などとして会社に残る。この分については配当ができないし，税金もかからないので，次の設備投資に充当されるまでは，その分のおカネが企業内に蓄積されて残るのである。

　例えば，100万円で，耐用年数が5年の設備を購入し，事業を始めたとする。5年間に500万円の利益が上がったとする。その内100万円は毎年の減価償却費で費用に落とされているとすると，5年間の純利益は400万円である。

　400万円のうち100万円は配当として株主に還元し，300万円を内部留保として，社内に留保したとする。

　この場合には，内部留保の300万円と，減価償却累計額100万円との合計額400万円のおカネが社内のどこかに残っているはずである。

　新しい設備を購入する場合には，減価償却累計額として留保されている100万円が使えるのであり，内部留保に手をつけるのは，全く新しい種類の固定資産を購入するとか，将来の規模拡大のために設備拡張をする場合に限られる。この場合でも，内部留保を引当にする必要はなく，借入金で購入してもよい。

第5章　労働組合のための財務教室

4　資金繰りと利益の留保

　とはいっても，減価償却累計額がそのままおカネとして，企業内に残っているとは限らない。企業は，おカネを手許において遊ばせておくようなことはしないのが普通である。短期間であっても，運用して運用益を稼いだり，他に借入金があれば借入金の返済に充てて，支払利息を節約する。

　これは内部留保の場合も同じであって，内部留保したおカネがいつも企業内に寝ているというわけではない。これは西條氏の言われるとおりなのだが，西條氏は財源と資金繰りとを混同している。

　例えば，子供が正月中に貰ったお年玉を母親が預かる場合を考える。母親は，子供から預かったおカネを，他の用途に一時的に流用するのはよく行われることである。たまたま子供からおカネを請求されたときに母親の手許に現金がなくても，父親に立て替えてもらって払うとか，銀行預金を取り取り崩して支払えばよいのであって，子供から預かった紙幣の番号を控えておいて，預かった紙幣を返さなければならないというものではない。

　預かったおカネを，子供が必要なときに渡さないのは問題だが，どのような形であれ，子供が要求したときに支払いができればよいのである。

　設備投資も同じで，必ずしも，おカネを手許に置いておく必要がなく，一時的に有利な資金運用に転用してもよい。設備投資を実行するのにおカネが必要なときに，いつでもおカネを用意できることが大切なのである。一旦，使ってしまったら，おカネの調達ができなくなる心配がある場合には，減価償却累計額はそのままおカネとして手許に置いておく必要があるが，手許に置いておくか，一時的に流用するかは，あくまでも資金繰りの問題である。

　経営には，設備投資はできる限り自己資本の範囲内で行うべしとの考え方があるが，これは，長期間資金が固定する設備投資には，借入金による設備投資を避けるべきだという，経営の安全性を重視した経営姿勢の問題であって，設備投資＝内部留保などを主張する根拠にはならない。

5 内部留保がゼロでも雇用も設備投資も必要

　製造会社を設立して，工場を建設する場合，内部留保がゼロだから工場は建設できないと言うのは非現実的である。

　いま，30億円の資本金で新会社を立ち上げたとする。工場建設に50億円の投資が必要だし，在庫を持つためなどの運転資金に20億円が必要であるとする。さらに，日常の支払いなどのために，10億円程度の現金か預金を手許においておく必要があるとすると，総額80億円の資金が必要になる。

　設立時では内部留保がゼロなので，設備投資は資本金で充当するとなると，30億円分の投資しかできない。この場合，工場建設費を30億円に抑えたとしても，資本金をすべて設備投資に投下したのでは，従業員は一人も雇えないし，運転資金がないので，営業もできないということになる。

　しかし現実にはこのようなことにはならない。新会社で，10億円の手許資金を含めて，総額80億円の資金が必要なら，不足の50億円を借入金で調達するのが，通常の経営のあり方である。従業員の雇用に，さらに10億円の借入金を調達する必要があるのなら全部で60億円の借入金を調達しなければならない。必要な借入金の調達ができないのなら，新会社の構想自体が崩れてしまう。

　つまり，現代の株式会社などの経営は，資本金などの自己資本と，借入金などの負債で成り立っている。設備投資だから資本金か内部留保を使わなければならないとか，従業員の雇用資金だから借入金で賄うべしなどの決まりなどない。

　上の新会社設立の例では，工場建設と従業員の雇用はセットで行うべきであり，設備投資に資金を使い果たしたから，従業員の雇用は行わないというわけにはいかない。

　西條氏の理屈によると，設備投資はしたが，従業員の雇用が守れないので，工場は動かないということになりかねない。

第5章　労働組合のための財務教室

6　設備投資と雇用はセットで計画する

　すでに生産設備に投資されているから，雇用にまわす余裕がないということかもしれないが，これなら，内部留保の使い方は早い者勝ちということになる。内部留保を使って，工場の拡張を行ったのに，現在の従業員の雇用も守れないのでは，新工場の稼働どころではなく，会社の存続すら危うくなって，経営者の責任が問われる事態になる。
　設備投資と従業員の雇用は，常にセットで考えるべき問題であって，どちらかのバランスが崩れると経営が成り立たない。

7　経営者は経営全般を眺めて資金配分をしなければならない

　西條氏のもう一つの誤解は，キャッシュが埋蔵金として積み上がっていないから，内部留保は使えるとは限らないとする点である。
　経営に必要な資金はすべて自己資本で調達しなければならないという規則はないし，自己資本だけで運営できている会社など滅多にないのが現実である。一部は，借入金などの負債で賄わなければ，経営はなりたたないのであって，自己資本であれ，借入金であれ，おカネの使い道には制約がないのである。
　設備投資や雇用など，経営全般の必要を考慮して資金の使い道を考え，資金を調達するのが経営者の役目であり，設備投資や配当に資金を使ったから，従業員には資金を回せないという言い訳は通用しない。

3 特殊な利益減らしについて

1 減損損失と利益減らし

　本書では，これまでの各章で，逆粉飾の手口などを細かく説明し，発見法についても詳しく解説してきたので，ここでは，一般的な逆粉飾発見法などには触れず，以下において，賃金交渉などにおいて，利用されやすい特殊な利益隠しについて説明する。

　100年に一度といわれる不況に突入して，多額のリストラ費用や損失を計上する会社が続出している。

　リストラ費用などには，工場などを閉鎖して，設備などを廃棄した場合の廃棄損失や人員整理に伴う退職金などがあるが，固定資産の価値が大きく低下した場合には，原則として，減価分だけ減損損失を計上しなければならない。

　巨費を投じて設備投資をしたが，思惑が外れて，設備能力の半分以下でしか操業が続けられなくなったり，製品の販売価格が下がって，操業しても赤字が続くなどで，設備の価値が大きく低下した場合には，設備を売却すると，損をしないですむといった場合を除いて，固定資産について減損処理をする必要がある。

　減損の計上に当たって，固定資産の価値を必要以上に厳しく評価し，多額の減損損失を計上して，当期純損失を巨額の赤字にし，固定資産の帳簿価額を大幅に引き下げる操作が行われる可能性がある。

　減損の根拠となる固定資産の価値は，将来のキャッシュ・フローによって評価される。将来のキャッシュ・フローというのは，要するに将来，この資産を利用することによっていくらの収入がえられるかということなのだが，将来の

第5章　労働組合のための財務教室

収入など誰にも正確には分からないのが普通である。それに，将来のキャッシュ・フローをそのまま評価するのではなく，金利負担による目減りを考慮して，現在価値に換算して合計する。将来のキャッシュ・フローなど予想できないのと同様に，将来の金利レートも予想が困難である。このような二重の不確定要素をもとにして減損が行われるのだから，公正な評価が行われない恐れが充分にある。その結果，必要以上に減損損失を計上して，利益隠しが行われる可能性がある。

将来，景気が回復して，設備が当初の予定に近い状態で稼働し，当初の計画に近い利益を上げるようになっても，一旦減損を行った固定資産については，元の簿価に戻すことはできない。減損により大幅に簿価を引き下げておけば，将来は減価償却費も少なくてすむので，将来の利益は増える。

この場合には，減損処理は，将来の費用を前倒しで計上するだけで，将来の利益で取り返せる損失なのである。それに，現金の支出など全く必要のない帳簿上の処理だけですむ損失であり，見せ掛けの損失である。

減損制度を利用して，多額の赤字を出した上で，損失が出たからとか，収益体質が悪化したから給料を引き下げるとか，ボーナスを支払えないなどの口実に利用される恐れがある。この場合には，減損処理は，給料を低く押さえるための一種の逆粉飾であるといえる。

減損損失を計上しても，設備の効用には何らの変化はないのである。100万円の価値のある設備は，減損後も100万円の価値がある。景気が回復して，フル稼働が可能になれば，100万円の効果を発揮する。

社長の交代時などに，損の要素を徹底的に損失に出し，場合によっては，逆粉飾の手法も使って身軽にし，新社長就任後の利益を増やす操作が行われることがある。これを，大きなフロにお湯を充たして，徹底的に垢落しをすることに例えて，ビッグ・バス会計という。某自動車会社再建時のビッグ・バス経営が有名である。

会社の損失の中には，このようなさまざまな要素が含まれているのだが，労働組合側では，損失の中身をよく吟味して，いわれなき損失などのために，不

利な条件を押し付けられることのないよう努める必要がある。

2 税効果会計を利用した利益減らし

　同じような利益隠しが、税効果会計の制度を利用して実行される恐れもある。
　税効果会計というのは、最近、取り入れられた会計制度であり、これまでは、損失減らしの粉飾に利用されることが多かった。
　この制度では、例えば、利益が出ても、過去から繰り越した欠損金で税務上繰越が認められたものがあれば、その欠損金を差し引いた残りに課税される。この制度では、今期に、赤字が出た場合、将来の利益に係る税金がその分だけ少なくなるのだから、一種の税金の前払いと考え、将来の税金の節約分を、損失額を減らして、繰延税金資産として資産に計上をする制度である。
　但し、繰延税金資産を計上できるのは、将来利益が出て、今年度の欠損金を利用できることが前提になっており、将来利益が出る可能性が低い場合には、この制度は適用できない。将来利益が出る見込みがないのに、利益が出るとして、欠損金を減らす粉飾が行われる可能性があるのだが、過去に計上した繰延税金資産を、業績が悪化して、将来にわたって利益を計上できる見込みが立たなくなった場合には、既存の繰延税金資産を取り崩す必要性が生じる。
　実際には赤字は短期間だけで終わり、将来は収益性が回復するのに、利益計上の見込みがないとして、繰延税金資産を取り崩して、当期純利益を減らしたり、当期純損失を増やす操作が行われる可能性がある。
　会社側のこのような利益処理については、その意図を見破って、給料の押さえ込みなどの作戦に乗せられない注意が必要である。

3 引当金の過剰引当てによる利益減らし

　引当金の過剰引当てによる利益減らしは，必要もないのに，税法で認められるとの理由で引当金を計上し，利益を減らして節税を図るものである。
　逆に，税務上の限度内に収める結果，引当て不足になる場合がある。この場合は，税務上の限度額を隠れ蓑にした，利益水増しの粉飾になる。税務上の限度に関係なく，会計上必要な引当金は計上する必要がある。
　労働組合の立場では，組合員の情報と智恵を集めれば，税法の規定などとは関係なく，会社経営上引当てが必要な引当金か，過剰引当てでないか，単なる利益隠しのものかの区別がつく可能性が高い。
　節税効果が目的の単純な利益減らしであるのに，会社側が儲かっていないことの材料に使って，賃金交渉などを有利に進めようとする場合には，その非を指摘して，その手には乗らないようにしなければならない。

4 配当と雇用費用との違い

　利益が上がっているのに，資金繰りが苦しいなどの理由で，配当をしないことがある。しかし，配当をしないのを口実に給料の引き下げなどの要求をするのは，理屈に合わない。
　株主は，今，配当を貰わなくても，利益が内部留保として，社内に蓄積されているのであれば，将来，いつでも配当を受けられるのだから実質的には損はない。今，配当で貰うよりは，会社に預けておく方が，より多くの運用益を稼いでくれるとして，配当の先送りを歓迎する株主もいるであろう。
　上場会社では，配当金で貰わなくても，利益の内部留保が増えれば，原則としてその分だけ株価が上昇するので，株を売ることによって，売却益として配当を実質的に受け取ることができる。

3 特殊な利益減らしについて

配当をしないで,株主にも我慢してもらっているのだから,従業員も我慢して欲しいという理屈は通らない。

4 利益隠しなどの見破り方

1 常識的な判断が肝心

　これまでの各章で，逆粉飾の特徴を詳しく述べて，発見法の説明もしてきたので，ここでは，逆粉飾や粉飾発見法の一つ一つを説明することはせず，ごく基本的な注意事項を申し述べるに留める。

　逆粉飾でも，粉飾でも，その発見の基本は異常の追及にある。粉飾や逆粉飾を行うと，どこかに異常が現れるからである。

　逆粉飾は基本的には，収益を隠すか，原価や費用を水増しすることにより行われる。収益を隠したり，原価や費用を水増しすると，同時に，資産が過少表示になるか，負債が水増しになる。

　そこで，収益が少なすぎないか，原価や費用が多すぎないか，資産が少なすぎないか，負債が多すぎないかなどの異常を，過去の実績などと比較して調べたり，関係しあう科目とのバランスが異常になっていないかなどで調べる。

　過去に遡って継続的に分析して，資産が減り続けたり，負債が増え続けている場合には特に注意が必要である。

　労働組合による社内調査の場合には，財務分析よりも，常識的な判断が決め手になることが多いと思われる。

　例えば，経済界を挙げて好況に酔っているときに，わが社だけが思うほどの利益を上げていないのであれば，どうして儲からないのかに疑問をもつ必要がある。その場合，組合の方でも，組合員の情報と知識を集めて，儲からない原因を追究して改善策を考え，経営者に改善策を提案して，少なくとも世間並みに儲かるようにすることが望まれる。

4 利益隠しなどの見破り方

　検討の結果，儲からないのが不自然で，逆粉飾の疑いが出てきたときには，組合の総力をあげて，逆粉飾の解明をする。組合員が情報を出し合えば，経営者による利益の横流しや，無駄遣いを究明することもできる。

　組合員は幅広い分野に分布していて，会社の業務のすべてに，何らかの形で係わりあっているのだから，会社が嘘をついても，嘘を見抜くのはそれほど困難なことではない。その点，業務の構造や実態を知らずに，数字の分析だけで逆粉飾などを見抜く必要がある外部の分析家に比べて，きわめて有利な立場にある。

　労働組合による検討では，常識的な判断が特に威力を発揮する。難しい理屈が分からなくても，よそ並みの販売活動が行われていて，特に不利な条件で販売をしているわけでもないのに，よそよりは儲からないのはおかしい，という事実を掴むだけで充分なのである。

　それでも，やはり，本当に儲かっていないと会社が言い張るのなら，専門家にも相談して，専門家の知識と組合員の現場での知識を総合して，逆粉飾を見抜く努力をすればよい。

　逆粉飾が見つからず，本当に儲かっていないとの結論に達した場合でも，それが明らかに従業員の責任によるものでない限り，儲からないのは，経営者の責任であり，従業員は，少なくとも世間並みの報酬などを要求できる。

2　粉飾を見つけたとき

　本書の目的は，逆粉飾の究明にあるが，労働組合の立場として，粉飾も，逆粉飾と同様に重要な関心事でなければならない。

　会社で粉飾が行われている疑いが持たれる場合には，その事実を確かめて，疑いが事実なら，即刻粉飾を止めさせなければならない。粉飾は，麻薬のようなもので，続けるうちに重症になり，止められなくなって，破滅に至る。破滅に至れば組合員も職を失って大きな損害を受けるのだから，事前に止めさせる

第5章　労働組合のための財務教室

必要がある。

5　内部統制制度と労働組合

　2009年3月期から，内部統制報告制度が始まっている。

　日本経済新聞によると，2009年3月期において内部統制報告書を提出した企業2,672社のうち，報告書に「重要な欠陥」があると開示した上場企業は56社であり，全体の2％になったとのことである(注5)。

　これまでにおいても，不適切な会計処理が見つかって，財務諸表を過去に遡って訂正した企業では，規模の大小などには関係なく，口をそろえて，内部統制の不備が原因であったことを報告している。

　同じ担当者が長年配置転換されずに，同一業務についていたとか，管理部門は営業部門に遠慮していて，モノを言わないなど，管理機能が有効には機能していなかったとか，内部監査制度があっても，書類面での調査だけで，本来の監査は行われていなかったとか，ひどい例では，監査役が粉飾の指揮を執っていたというのもある。

　内部告発制度が設けられていたが，形だけのもので，殆ど機能していなかった企業も多い。

　これまでの例から見て，内部統制制度は一応整備されてはいても，機能していなかったのが，不適切会計処理などを許した主な原因になっている。この傾向は，不適切会計処理が行われていた企業に限らず，小規模企業に共通する欠点だと思われるし，日本を代表するような大規模企業でも，主に，内部統制制度の機能不全と見られる原因により，いろいろな不祥事故が起こっている。

　今回の調査で，内部統制報告書に重要な欠陥があると記載した企業が，全体の2％に過ぎなかったのは，米国での初年度における16％に比べて少なすぎるように思われる。初年度ということで，それほど厳しく監査が行われなかったことが推察される。

第5章　労働組合のための財務教室

　今後，内部統制がますます重要視されることが予想されるが，内部統制制度で，中心的な役割を果たすのはやはり，従業員であり，労働組合としても，重大な関心をもつ必要がある。

　労働組合が，内部統制での重要性を発揮することは，従業員の発言力を強め，ひいては労働組合の存在価値を増すことに繋がる。

　内部統制制度を，経営者による従業員の締め付けの道具などと考えずに，労働組合のほうからも，内部統制の大切さを組合員に認識させ，各自が，規則に従い，それぞれの部署での業務を忠実に履行することによって，従業員のみならず，経営者の不正や，横暴を防止するよう指導することが望まれる。

　ミスを正し，無駄をなくして，経営の効率を上げる。従業員が出来心で犯罪に走るのを一歩手前で阻止する，など，内部統制の適用範囲は広い。経営者の不正から，会社財産を守るのは，従業員の自衛行為にもなる。

　経営者による不正は，内部統制の機能しにくい分野とされているが，従業員の協力がなければ逆粉飾など実行できないし，内部告発の制度で役員の不正も暴かれる可能性が高くなっている。内部統制が機能していれば，大掛かりな逆粉飾などはできなくなると思われる。

　逆粉飾などの経営者の不正を阻止するには，労働組合のサポートが強力な武器になる。

　内部統制制度導入の機会を利用して，従業員が経営者の不正や横暴にも，口出しできる習慣と，雰囲気を作るのも労働組合の役割の一つである。

　労働組合が，従業員を介して，内部統制制度の機能にがっちりと食い込むことによって，労働組合の存在価値をアピールすることができる。

　組織率の低下により，労働組合の存在感が薄れつつあるが，内部統制制度は労働組合復権のカギになる可能性がある。

6　経営者へのお願い

　これまでの各章で見てきたとおり，いかに多くの内部留保を積み上げても，膨大な含み益を隠匿しても，収益力が失われると，そのうちに，すべてを食い尽くして，経営破綻に至るのは自明の理である。

　設備に含み益を溜め込むことを企んでも，製品の需要が思ったように増えないと，過剰設備になり，多額の減損損失や売却損を計上せざるをえなくなる。土地も，地価が下がって，重荷になる可能性が高い。

　結局，最後まで頼りになる財産は人材である。

　設備は，不要になれば，廃棄しても損失が発生するだけだし，必要なときにいつでも建て直しができるが，人材は一度失われると，簡単には再調達できない。これまで社内に営々とためてきたかけがえのない技術やノウハウも，従業員とともに消えてしまう。

　従業員や労働者は簡単に辞めさせられるという考えが，日本経済を駄目にする可能性がある。

　いったん従業員を雇ったら社会的責任としても，最後までその雇用を守る覚悟があれば，簡単には設備増強に走ることなどできないのではないだろうか。不景気になって，企業が従業員をいっせいに解雇すると，失業者が巷にあふれて，深刻な社会問題が発生する。国全体として購買力が低下して，景気を一層悪化させるし，景気の回復を必要以上に遅らせることになる。

　企業側では，景気が回復して，人員不足になっても，企業が望むような技術やノウハウをもった従業員はざらには見つかるものではない。新しく養成するにしても，一度失われたものは再構築が不能なことが多い。

　チャンスが到来したときに，思い切った投資を断行しないと，競争に取り残されるリスクもあるだろう。これまで，積極的な設備投資への姿勢がわが国製

第5章　労働組合のための財務教室

造業の優位性を支えてきたのも事実である。

　しかし，地球の環境や資源を守るためにも，成長とシェアー競争に明け暮れる経営からはそろそろ卒業する時期に来ているように思われる。

　日本的終身雇用制度の利点を見直すべきときが来ている。

(注1)　2001年8月号，労働組合443号，山口孝氏稿"新会計基準による大企業の利益隠しの手法"
(注2)　2009年1月30日付朝日新聞「内部留保，雇用につかえる？」
(注3)　2009年1月18日付赤旗日曜版「内部留保使え」
(注4)　2009年1月20日付日本経済新聞「一目均衡　企業の社会的責任とは」
(注5)　2009年7月2日付日本経済新聞「『内部統制に欠陥』56社」

索　　引

〔あ〕

アセットマネジメント……………………99
後入先出法………………………………18
暗黙の利益(操作) …138, 159, 168, 169, 177

〔い〕

異常点や異常な変動を探る………………40
一時償却…………………………………53
印紙税，関税や消費税などをごまかす
　　脱税…………………………………36

〔う〕

裏金……………………………………4, 31, 33
裏金の授受が取りざたされる業種………25
売上以外の収益の隠蔽……………………40
売上債権回転期間 ……………151, 154, 165
売上代金を売上先に預けておく…………42
売上高減価償却費率の平均値 …………121
売上高の異常な増加 ……………………100
売上高の隠蔽 ………………………38, 41
売上の先送り……………………………39
売上伸び率 ……………………………118
運転資本構造 …………………………151
運転資本の変動による収支 ……………136
運転資本要素………136, 139, 148, 151, 152,
　　　　　　　　　　155, 157, 175, 177
運転資本要素による粉飾発見手続き …137

〔え〕

永久資産 ………………………………184
営業活動によるキャッシュ・フロー
　(営業ＣＦ) ……27, 121, 122, 136, 139, 140,
　　　　　　　　143, 145, 148, 153, 175
ＡＤＲ制度 ……………………………108
得体の知れない関係会社の存在…………55
ＦＣＦ …………………………………143
Ｍ＆Ａ …………………………………114

〔お〕

大型合併 …………………………100, 114

〔か〕

会計基準変更時差異………………………47
会社更生法 ………………69, 74, 75, 80, 97
開発型証券化 …………………………106
開発費……………………………………18
外部調査委員会 ……………………23, 28
外部の利害関係者………………………… 7
架空費用の計上…………………………45
隠した利益を利用する方法………………32
貸倒損を過剰に計上……………………45
貸倒れリスクの軽減………………………13
過剰(な減価)償却 ……………18, 46, 142
過剰引当て ……………………………192
過大減価償却 …………………………127
過大資産(資本)……………………88, 89
過大な評価損……………………………44

201

稼働率 …………………………………123
過度の保守主義の適用…………………8, 15
借入金依存度 ……………………………61, 92
借入金回転期間………………………66, 100, 128
借入金の借り換え ………………………111, 112
借入金の返済財源 ………………………111
関係会社を利用した逆粉飾……………50
監査報告書………………………………52
カンバン方式……………………………44

〔き〕

企業会計原則……………………………8, 48
企業外部の分析者………………………6
企業の社会的責任 ………………………183
基礎資金…………………………………65, 106
基礎資金回転期間 ……60, 61, 65, 128, 151,
154, 157, 174
基礎資金への依存度 ……………………106
期末在庫の過小評価(表示) ……………43, 44
期末における実地棚卸……………………43
期末の事情で急遽逆粉飾をする…………39
逆粉飾 …………3, 4, 6, 9, 10, 11, 12, 13, 15,
18, 19, 25, 26, 27, 31, 44, 55,
56, 116, 137, 194, 195, 198
逆粉飾から粉飾に移行 …………………62, 56
逆粉飾による利益隠し…………………18
逆粉飾の兆候 ……………………………135
逆粉飾の動機……………………………31
逆粉飾のパターン ………57, 105, 157, 164,
169, 173
逆粉飾を伴わない脱税…………………36
キャッシュ・フロー(計算書)
…………12, 121, 135, 148, 151, 157, 168

キャッシュ・フロー分析による逆粉飾
発見法……………………………27
業務委託費………………………………3
局地型逆粉飾 ……………………21, 22, 23, 34
局地型不正行為…………………………19
局地型粉飾………………………………23
金銭着服…………………………………4, 23

〔く〕

繰越欠損金………………………………79
繰越欠損金の税務上の恩典……………19
黒字倒産…………………………………80

〔け〕

経営者支配………………………………14
経営者の利益の私物化…………………25
経営破綻…………………………………116
経済活性化の阻害要因…………………6
経常収支…………………………………135
継続価値ベースによる評価……………81
「継続企業の前提」に関する注記………75
継続性の原則……………………………53
経費の水増し……………………………45
決算短信…………………………………74, 75
減価償却進捗率 …………122, 123, 124, 127
減価償却費による利益操作 ……………156
減価償却費の過大計上…………………43
減価償却累計額 ……120, 121, 184, 185, 186
原価や経費水増しの逆粉飾……………42
研究開発費………………………………93, 160
現在価値…………………………………190
減産をして製品単価を上げる……………44
減損処理(損失) …………124, 189, 190, 199

減耗率……………………………43	3要素総合回転期間…60, 64, 135, 138, 152, 154, 155, 157, 167
〔こ〕	3要素総合残高………………64, 148, 167
公益法人…………………………3	〔し〕
公開会社…………………………14	仕入債務回転期間 ……………154, 156
公正な所得分配を阻害……………6	仕入高の水増し…………………43
公認会計士などによる会計監査………31	時価(評価)による(資産)回転期間
公認会計士などの実地棚卸への立会い…44	………………………86, 87, 88
合法的な節税……………………6	資金繰りの破綻 ………………11, 62
合法的な含み益経営………………69	資金収支表………………………148
合法的な利益隠し(利益減らし)…18, 44	試験研究費………………………18
合法的に含み益を貯め込むケース……27	自己資本比率…62, 75, 79, 86, 89, 90, 92, 100
合理化……………………………90	資産隠蔽…………………………10
合理化努力による資産削減………10	資産超過…………………………79
子会社に利益を隠す………………51	資産の過少表示…………42, 137, 194
国民経済にも大きな弊害…………6	資産の実際価値…………………87
個人の金銭着服 ………………10, 21	資産の棚卸資産への集中化 ………105
固定資産回転期間………80, 85, 86, 88, 154	資産の水増し……………………10
固定資産関係損………………76, 82	実効税率…………………………37
固定資産の含み益の益出し………83	質的情報 ………………………35, 55
固定資産売却益……………76, 79, 82, 152	使途不明金………………………37
雇用資金…………………………187	支配株主…………………………14
コンプライアンス………………17	四半期情報による(ごとの)回転期間
〔さ〕	……………………………165, 167
在庫の削減………………………44	社会的責任 ……………………199
在庫の増減による利益平準化………16	社外に流出させる裏金作り………33
債務超過 ………62, 79, 80, 92, 108, 114	社内の綱紀を維持………………19
裁量的発生項目 ……………139, 156	収益隠蔽の逆粉飾………………41
差引純含み損益…………………76	収益の先送り……………………11
サラリーマン社長………………14	収益力の回復……………………95
残存価額…………………………185	重加算税…………………………6
	従業員等による金銭着服…………22

従業員の雇用	188	製品単価の引上げ	16
修正財務諸表	10, 15	税引前含み益合計	76
住宅等開発会社	102, 103, 104, 105, 108	税引後含み損益	76
縮小均衡	93	税法上合法的	18
取得価額	120	税法(税務)上の限度	18, 49
取得価額による回転期間	121, 123	税務対策	12
取得価額による固定資産回転期間	85	税務当局	25
取得価額による資産や純資産利益率	88	節税	18
循環取引	12, 14	設備投資	70, 122, 188
純含み損益	76	設備廃棄	124
省エネ機運	131	先行投資	90
償却資産	120, 121	全発生項目	139
条件反射的な利益調整	17		
上場廃止	14	〔そ〕	
将来キャッシュ・フロー	16, 189	創業者一族が経営を牛耳っている	55
将来の損失に備えるもの	32	総資産回転期間	80, 85, 86, 90, 91, 100, 104, 105, 119, 120, 128, 154, 157, 173
新規事業の立ち上げ	94		
新技術やノウハウなどの蓄積	160		
新工場の立ち上げ	131	相続税対策	6
信用状態	13		
信用評価	13, 25	〔た〕	
		第1次バブル期	140
〔す〕		第三者委員会	23
		多額の減損損失を計上	18
スポット的に行われる逆粉飾	12, 41	脱税	4, 6, 10, 12, 18, 19, 31, 37
		脱税が行われやすい業種	25
〔せ〕		脱税でたびたび新聞を賑わす業界	55
		脱税を伴わない逆粉飾	36
正規従業員	8, 183	棚卸資産回転期間	80, 91, 104, 151, 154, 156
税金差異	175		
税効果会計	191	棚卸資産の急増	104
清算価値ベース	80	棚卸資産の処分損	169
生産量を調整することによる利益調整	16	棚卸資産の含み益	70
政治献金や贈賄目的などの裏金作り	9		
製造経費の水増し	42, 43		

索　引

棚卸資産評価損 ……………107, 108, 169

〔ち〕

調査委員会………………………………3, 10
調査報告書 ………………………………23, 80
帳簿価額 …………………………………120
帳簿価額による償却資産回転期間 ……124
賃金交渉……………………………………6

〔つ〕

通常の財務分析の手法…………………10

〔て〕

定額法……………………………………53, 185
定率法……………………………………53, 127

〔と〕

投資活動によるキャッシュ・フロー……27
投資ＣＦ………121, 122, 126, 129, 139, 140,
　　　　　　　　141, 142, 143, 145
投資ＣＦによる逆粉飾発見手法
　（のチェック）………………………141, 144
投資ＣＦの売上高に占める比率 ………122
投資有価証券 ……………………………127
特別損益による利益隠し………………46
土地再評価差額金 ………………………79, 83
取引先の支援……………………………21

〔な〕

内部告発 …………………………………198
内部統制上の欠陥………………………24
内部統制制度……………………22, 24, 26, 198
内部統制報告書 …………………………197

内部統制報告制度 ………………23, 24, 197
内部留保…………5, 8, 116, 183, 184, 185,
　　　　　　　186, 187, 188, 192, 199

〔に〕

日本基準 …………………………………118
日本的終身雇用制度 ……………………200

〔ね〕

年次売上高で回転期間を計算 …………165
年度末に売上が集中するようなケース…39

〔の〕

のれん ……………………………………18, 96
のれんの（一括）償却 …………………48, 50

〔は〕

バブル汚染が明らかになった時点 ……114
バブル汚染企業 …………………………113
バブルによる含み益……………………70
バブルの崩壊（終焉）……99, 103, 104, 113,
　　　　　　　　　　　114, 141

〔ひ〕

ＰＢＲ……………………57, 109, 110, 114
引当金……………………………………8
引当金の過剰引当て（過大計上）
　…………………………………48, 49, 192
引当て不足 ………………………………192
非合法な逆粉飾…………………………69
非合法な費用……………………………32
非資金収益 ………………………………152
非資金損益………………………………112

205

非正規従業員 ……………………8, 183
ビッグ・バス効果……………………6
ビッグ・バス会計 ……………………190
表示を変える逆粉飾………………4
費用の先行計上……………………11
費用の水増し………………………45

〔ふ〕

風評 (や業界事情) などの質的情報 …10, 25
副産物やスクラップの評価の引下げ……43
含み益 ………………………………116
含み益経営 …………………69, 85, 107
含み益の食い潰し …………………95, 97
含み益の吐き出し …………………74, 82
含み益を過大評価…………………96
含み益を積極的に作り出す操作…………27
負債の異常な増加…………………41
負債の水増し ……………42, 137, 194
不正の露見…………………………22
物流コストの水増し………………42
不適切会計処理………4, 10, 23, 24, 182, 197
不適切取引…………………………14
不動産価値創造 …………………106
不動産流動化………………………70
不動産流動化事業 …………………106
歩留率………………………………43
フリー・キャッシュ・フロー …………143
粉飾……………………4, 9, 10, 11, 13, 195
粉飾に転換する予兆………………57
粉飾のパターン………58, 157, 164, 169, 173
粉飾への転換 ……………………17, 60

〔へ〕

米国基準 ……………………………118
平準化のための逆粉飾………………7

〔ほ〕

ホールディング会社…………………51
簿価と時価ベースの間の評価の差額……80
簿価による財政状態………………91
保守主義 ……………………………7, 8

〔ま〕

埋蔵金………………………5, 23, 184
前払費用……………………………18
マネーロンダリング………………19

〔み〕

未収収益……………………………18
民事再生手続開始の申立て …………11, 99

〔も〕

儲け過ぎ……………………………3, 4

〔ゆ〕

有価証券評価損……………………48
有価証券報告書 ……………93, 130, 131
有形固定資産回転期間 ……………122
有無形固定資産 ……………………170, 171
優良会社であるとの先入観…………17

〔よ〕

与信管理 ……………………13, 15, 25, 26
与信限度額 …………………………13, 56

予想破産配当率……………………97

〔り〕

利益隠し ………………8,32,36,49,60
利益隠しのための協力者………………12
利益ＣＦ差額 …152,156,157,159,175,176
利益の内部留保 ……………………150
利益平準化 …………7,15,16,17,21,69
利益減らし………………………32,189
利益水増し……………………………37
利益要素 ………136,148,153,157,175
利益の外部流出 ………………………4
利益を社外に隠す逆粉飾………………34
利益を上手に隠す……………………32
利害関係者 …………6,9,13,14,15,17,24,
　　　　　　　　　　34,39,53,55,56
リストラ費用…………………48,189
リストラ費用前倒し……………………47
リベートを隠す…………………………42
流動化ビジネス ……………………106
臨時社員の給料の水増し………………43

〔れ〕

連結調整勘定償却額……………………7
連結はずし……………………………50
連単倍数 ……………………………149

〔ろ〕

労働組合…………6,27,181,182,195,198
労働分配率 …………………………183

〔わ〕

賄賂の支払い…………………………10
ワンマン経営者………………………55

<著者略歴>

井端　和男（いばた　かずお）

略歴：
1957年　　　一橋大学経済学部卒業
　　同年4月　日綿実業（現双日）入社，条鋼管部長，国内審査部長，
　　　　　　子会社高愛株式会社常務取締役などを歴任。
　1991年7月　公認会計士事務所を開設。現在に至る。

資格：
　　公認会計士
　　中小企業診断士

主な著書：

倒産予知のための財務分析	商事法務研究会	1985年3月
与信限度の設定と信用調書の見方	商事法務研究会	1998年11月
リストラ時代の管理会計	商事法務研究会	2001年9月
いまさら人に聞けない「与信管理」の実務　改訂版	セルバ出版	2004年8月
粉飾決算を見抜くコツ　改訂版	セルバ出版	2006年2月
いまさら人に聞けない「四半期決算書」の読み解き方	セルバ出版	2006年9月
最近の粉飾－その実態と発見法－	税務経理協会	2008年1月
同　上（第2版）	税務経理協会	2008年8月
黒字倒産と循環取引－および粉飾企業の追跡調査－	税務経理協会	2009年1月

著者との契約により検印省略

平成21年9月11日　初版第1刷発行

最近の逆粉飾
－その実態と含み益経営－

著　者　　井　端　和　男
発　行　者　　大　坪　嘉　春
印　刷　所　　税経印刷株式会社
製　本　所　　株式会社　三森製本所

発行所　東京都新宿区下落合2丁目5番13号　株式会社　税務経理協会
郵便番号　161-0033　振替　00190-2-187408　電話（03）3953-3301（編集部）
　　　　　　　　　　FAX（03）3565-3391　　　　　（03）3953-3325（営業部）
URL　http://www.zeikei.co.jp/
乱丁・落丁の場合はお取替えいたします。

© 井端和男　2009　　　　　　　　　　　　Printed in Japan

®（日本複写権センター委託出版物）
本書を無断で複写複製（コピー）することは，著作権法上の例外を除き，禁じられています。本書をコピーされる場合は，事前に日本複写権センター（JRRC）の許諾を受けてください。
JRRC（http://www.jrrc.or.jp　eメール：info@jrrc.or.jp　電話：03-3401-2382）

ISBN978-4-419-05377-2　C2063

近年発覚した上場会社等の粉飾20例を徹底検証！

最近の粉飾
― その実態と発見法 ―
〔第2版〕

公認会計士　井端　和男　著

A5判　324頁　定価2,520円（税込）
ISBN978-4-419-05157-0 C2063

粉飾が後を絶たない･･･。
　旧版で予想していなかった新しい粉飾もあるし、新しい方向を示唆する粉飾もある。旧版後の粉飾例の分析を追加、総括して、最近の変化にも対応できるように改訂！

近年発覚した黒字倒産と循環取引を徹底検証！

黒字倒産と循環取引
― および粉飾企業の追跡調査 ―

公認会計士　井端　和男　著

A5判　204頁　定価2,100円（税込）
ISBN978-4-419-05234-8 C2063

黒字のまま突然倒産する「黒字倒産」が急増している。倒産予知にこれまでの常識が通用しなくなった。粉飾も「循環取引」の巧妙な操作により発見が困難になっている。本書は、「黒字倒産」と「循環取引」の実態を実例を基に究明し対策を探る。

〒161-0033
東京都新宿区下落合2-5-13
株式会社 税務経理協会
URL http://www.zeikei.co.jp
Tel:03-3953-3325　Fax:03-3565-3391